RELIURE SERREE
Absence de marges
intérieures

VALABLE POUR TOUT OU PARTIE
DU DOCUMENT REPRODUIT

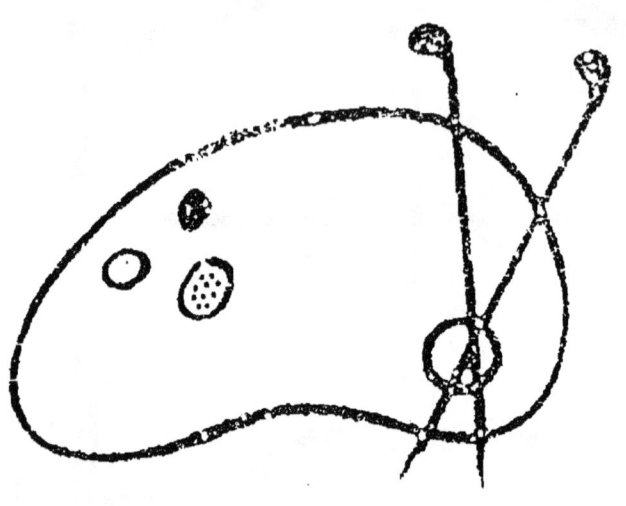

Début d'une série de documents en couleur

1 fr. 25 c. le volume.

Gustave AIMARD & J.-B. D'AURIAC

COEUR DE PANTHÈRE

PARIS
A. DEGORCE-CADOT, éditeur, 9, rue de Verneuil

Propriété exclusive de l'éditeur

COLLECTION
DES
JOYEUX ROMANS ILLUSTRÉS
A 2 francs le volume

PIGAULT-LEBRUN.	Monsieur Sans-Souci, dessins de Hadol,		1 v.	2 fr.
	L'Heureux Jérôme..	—	1 v.	2 »
	Monsieur Botte...	—	1 v.	2 »
Nouvellement parus	Les Barons de Felsheim........	—	1 v.	2 »
	La Folie espagnole.	—	1 v.	»
	Le Coureur d'aventures........	—	1 v.	2 »
	Le Mouchard....	—	1 v.	2 »

Sous presse les autres romans de **Pigault-Lebrun**

Autres Romans illustrés à 2 fr. le vol.

A. HUMBERT	Les Gens de Villeguindry, avec 36 gravures..............	1 v.	2 »
	Tailleboudin,..............	1 v.	2 »
ELIE BERTHET.	L'Homme des Bois, très fort volume, 15 gravures..............	1 v.	2 »

Nouveautés à 3 fr. illustrées

PAUL DE KOCK.	Les Treize Nuits de Jane, 6 gravures hors texte............		1 v.	3 »
SŒUR X...	Mémoires d'une Religieuse	Le Couvent, 12 grav.	1 v.	3 »
		La Défroquée, 12 g.	1 v.	3 »

Collection des œuvres de Paul de Kock à 2 fr. le volume
en vente et sous pressé.

Paris. — Typ. Collombon et Brûlé, rue de l'Abbaye, 22.

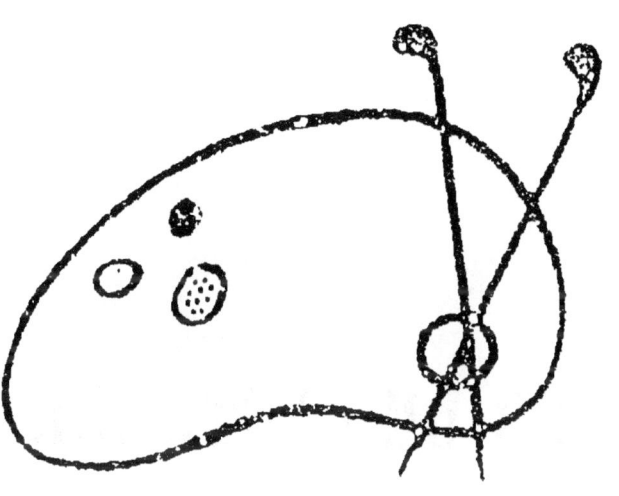

Fin d'une série de documents en couleur

CŒUR-DE-PANTHÈRE

ŒUVRES DE GUSTAVE AIMARD

A 3 fr. le volume

LES CHASSEURS MEXICAINS, avec gravure.	1 vol.
DONA FLOR.	1 vol.
LES FILS DE LA TORTUE, 2ᵉ édition, avec gravure.	1 vol.
L'ARAUCAN, 2ᵉ édition, avec gravure.	1 vol.

A 2 fr. le volume

UNE VENDETTA MEXICAINE, avec gravure.	1 vol.

OUVRAGES GRAND IN-4° ILLUSTRÉS

(VOIR LE CATALOGUE GÉNÉRAL)

GUSTAVE AIMARD ET JULES D'AURIAC

A 1 fr. 25 le volume

L'AIGLE-NOIR DES DACOTAHS.	1 vol.
LES PIEDS-FOURCHUS.	1 vol.
LE MANGEUR DE POUDRE.	1 vol.
L'ESPRIT BLANC.	1 vol.
LE SCALPEUR DES OTTAWAS.	1 vol.
LES FORESTIERS DU MICHIGAN.	1 vol.
ŒIL-DE-FEU.	1 vol.
CŒUR-DE-PANTHÈRE.	1 vol.
LES TERRES D'OR.	1 vol.
JIM L'INDIEN.	1 vol.
RAYON-DE-SOLEIL.	1 vol.

F. AUREAU. — IMPRIMERIE DE LAGNY

GUSTAVE AIMARD & J.-B. D'AURIAC

CŒUR-DE-PANTHÈRE

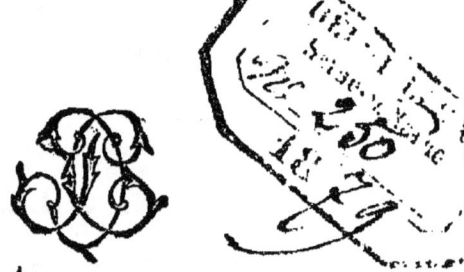

PARIS
A. DEGORCE-CADOT, ÉDITEUR
9, RUE DE VERNEUIL, 9

Tous droits de propriété expressément réservés

CŒUR-DE-PANTHÈRE

CHAPITRE PREMIER

UNE HÉROÏNE DU DÉSERT

Il n'y a pas, sous le soleil, de paysage plus splendide et plus riche en beautés sauvages que le territoire à l'ouest de la Nébraska, sur lequel se déroulent les plaines de Laramie.

Pour le voyageur qui visite ces admirables contrées, ce nom de *Plaines* semble inexact au premier abord; car, avant d'y parvenir, il a dû gravir les plus hauts plateaux des Montagnes Rocheuses.

Cependant le mot est vrai, c'est bien une *plaine* dont il s'agit.

Le Fort Laramie, qui occupe un des points extrêmes, est situé au confluent nord de la Nébraska ou Platte, avec un autre cours d'eau qu'elle absorbe.

Des sources de la Platte à ce confluent la rivière décrit un cercle immense d'environ quatre-cents milles, embrassant dans son cours plusieurs chaînes de montagnes égales en hauteur.

D'un autre côté, la rivière Laramie dont la naissance est proche de la Nébraska, entoure le reste du territoire, sur un diamètre de soixante-et-quinze milles, et complète ainsi la circonférence.

Cette enclave constitue les fameuses *plaines de Laramie*.

Cette région n'est pas seulement une prairie monotone et stérile ; on y voit des vallées fertiles, riantes, couvertes de forêts et de récoltes ; des coteaux admirables et verdoyants ; de gras pâturages ; des cours d'eau rayonnant dans toutes les directions.

Au milieu des âpres Montagnes Rocheuses, c'est un oasis, un Éden inattendu.

Tout autour, le colossal amphithéâtre des hautes cimes s'élève dans sa grandeur solitaire et forme un saisissant contraste avec les beautés plus douces, plus harmonieuses des vallées ; on dirait les sourcils froncés de spectateurs géants jetant un regard sévère sur les folâtreries gracieuses de la nature.

Le pic Laramie, point culminant de cette chaîne, s'élève à environ trente milles du fort qui a emprunté son nom : c'est le centre d'un paysage incomparable par sa splendeur et son immensité ; la vue, que rien ne limite, plane au-dessus des prairies incommensurables, jusqu'au lointain Missouri.—C'est le point de vue des Basses-Terres, en regardant l'Orient.—Au couchant c'est tout un autre aspect ; à perte de vue surgissent des troupeaux de montagnes dont les croupes luisantes ou sombres, nues ou boisées, rocailleuses ou verdoyantes, ondulent en tout sens.—Tout un panorama de collines !

Deux de ces cîmes méritent une mention particulière: ce sont, le *Roc Indépendance* et la *Porte-du-Diable*. Ce dernier pic est un grand rocher, sur lequel n'apparaît pas la moindre trace de végétation, et qui s'élève, solitaire, à une hauteur de quatre mille pieds. Sur son extrême pointe est une espèce de portique, œuvre bizarre de la nature, et qui a donné son nom à toute la montagne.

Là s'arrête une chaîne immense qui forme la principale ossature des Montagnes Rocheuses. Des *Portes-du-Diable* jaillit la rivière *Sweet-water* (Eaux-Douces) ; le bruit infernal de ses cascades, les bonds effrayants de ses flots à travers les roches aigues, le grondement continu des échos, tout motive le nom sinistre qui s'applique à ces mornes et imposantes solitudes.

Nous sommes en 1857-58. A cette époque, le fort Kearney, situé à environ deux cents milles du Missouri, était le *settlement* (établissement) le plus éloigné « du lointain Ouest. » Il est vrai que plus d'un aventurier, plus d'un hardi pionnier de la civilisation, avait poussé plus loin ses excursions dans le désert ; il y avait des huttes de chasseurs, de *squatters* (défricheurs, colons), jusque sur les bords de la Platte, jusqu'au pied des Montagnes Rocheuses ; mais ces habitations clairsemées dans ces immenses solitudes ne méritaient pas le nom de settlements ; la contrée ne pouvait pas être considérée comme peuplée.

Le mot de *squatter* implique ordinairement l'idée d'un forestier grossier et illettré. Effectivement c'est le cas le plus ordinaire : mais, comme il n'y a pas de règle sans exception, on pouvait trouver, dans les plaines de la Nébraska quelques familles ayant appartenu aux classes distinguées de la société civilisée. C'étaient, pour la plupart, des gens qui avaient éprouvé des revers de fortune ou des déchirements de cœur inguérissables, et qui, fuyant le monde des villes, étaient venus se retremper aux virginales magnificences de la solitude.

Là, au moins, ils vivaient tranquilles, ces exilés, ces convalescents de la civilisation ; mieux valait pour eux la rencontre fortuite du Buffalo ou de l'Indien que le contact quotidien de la population des villes.

Le fort Laramie était, à cette époque, un poste important pour la traite des marchandises ; c'était le rendez-vous des Indiens chasseurs et trafiquants, des trappeurs (chasseurs) de toutes les nations, des aventureux négociants Américains. Il y avait, en tout temps, une garnison d'environ trois cents hommes.

C'était là que s'organisaient les caravanes pour le *Golden State* (Région d'Or), qui passaient par la vallée de la Platte, le Sweet-water, South-Pass et Fort-Hall.

Au seuil des contrées montagneuses se trouvaient, par groupes de dix ou douze, des habitations échelonnées çà et là dans les plaines de Laramie, sur une étendue d'environ trente à quarante milles.

Nous attirerons l'attention du lecteur sur un de ces charmants ermitages. Son apparence extérieure était modeste, mais révélait des habitants honorables. Il était situé près des confluents de la *Platte* et de *Medicine-Bow River*, à cinq milles de Sweet-water, à quinze milles des Portes-du-Diable.

Au lieu d'être installée dans la vallée — une des plus belles de la contrée, — cette habitation était perchée comme un nid d'aigle sur la cime d'un côteau, et disparaissait au milieu des feuillages touffus. La pente, pour y arriver, était hérissée de rocs menaçants, disposés en forme de labyrinthe, et qui en rendaient l'accès difficile à tout autre qu'un familier de l'endroit.

Lorsque le voyageur, quittant les régions civilisées, pénètre dans les déserts de l'Ouest, il est saisi par la nouveauté sauvage et grandiose de cette nature admirable : ce ne sont plus les paysages alignés par le crayon plus ou moins maladroit des architectes, les points de vue calculés par la vieille routine, le clinquant champêtre au milieu duquel se pavanent autour de leurs maîtres des animaux dégénérés, atrophiés par la domestication. Ce n'est plus le vieux monde défiguré par l'homme ; c'est la terre dans sa beauté native et fière, telle qu'elle est sortie des mains du Créateur.

La grande prairie se déroule, mouchetée de vertes forêts, de troupeaux de buffles, de hordes de chevaux sauvages, de loups, de daims bondissants ; et au milieu de cette immensité silencieuse, passe l'Indien, rapide, agile, infatigable, sans laisser derrière lui la trace de ses pas, sans faire le moindre bruit, sans faire ployer le brin d'herbe sur lequel son pied se pose.

Le voyageur n'avance qu'avec une émotion respectueuse qui ressemble à de la crainte, mais dont le charme est inexprimable.

Et pourtant, si grande est la force des vieilles habitudes qu'il se trouve heureux de découvrir le Fort Laramie après avoir traversé les quatre cents milles du désert de la Nébraska : le moindre échantillon de la vie civilisé est le bien-venu.

Du reste, il faut en convenir, l'aspect de cette petite colonie militaire n'était pas sans offrir un certain attrait ; on trouvait là une physionomie particulière aux gens, aux bêtes, aux choses même ; il y avait comme un reflet du désert.

Il y avait même une Héroïne demi-sauvage, demi-civilisée, dont l'histoire était une légende de la Prairie.

Manonie ou *Cœur-de-Panthère,* comme l'appelaient les Sauvages, était une « Face-Pâle. » Personne ne connaissait sa famille, si ce n'était un chef Pawnie, Nemona, autrement nommé *Les Eaux Grondantes.* Le père de Nemona l'avait enlevée à sa famille, dans l'État central d'Iowa ; elle n'était alors âgée que de trois ans. Le sort de ses parents resta un sombre mystère ; la jeune fille elle-même avait ignoré que le sang de la race blanche coulait dans ses veines, jusqu'au moment où les officiers du Fort Laramie le lui avaient appris, avec force compliments. Un de ces Messieurs avait même eu la patience persévérante de se faire raconter par les Indiens quelques bribes de son histoire, et s'était ensuite empressé de lui faire connaître tout ce qu'il avait pû recueillir. Elle avait, du reste, été honorablement et affectueusement traitée par ses amis blancs ; le commandant du Fort l'avait presque adoptée et la considérait comme sa fille : aussi avait elle pour toute la population Face-Pâle une affection profonde qui avait exclu de son esprit tout souvenir Indien.

Un notable guerrier des Pawnies, nommé Wontum, c'est à dire le *Chat-Sauvage*, avait demandé en mariage *Cœur-de-Panthère*; mais la jeune fille avait repoussé avec empressement ses prétentions amoureuses. Un noble et orgueilleux sentiment de sa supériorité native s'était élevé en elle et l'avait portée à accueillir cet aspirant sauvage avec un dédain tel que l'infortuné Wontum dût se retirer honteux et confus.

Nemona (le chef Pawnie dont nous avons déjà parlé) avait, contrairement à la coutume Indienne, une seule et unique femme qu'il affectionnait et traitait avec tous les égards possibles. Il entreprit, avec elle, d'intercéder pour Wontum auprès de la jolie transfuge; mais celle-ci n'avait plus dans le cœur un seul atôme de l'esprit Indien ; toutes les instances furent repoussées avec perte. Il en résulta une certaine froideur entre eux ; puis survinrent des propos piquants, enfin une rupture complète à la suite de laquelle Cœur-de-Panthère fut invitée par Nemona à chercher asile hors de

1.

chez lui. Ce fut à dater de cette époque que la jeune fille abandonna les villages Indiens.

Alors Wontum perdit toute espérance, pour le moment ; mais il garda au fond de son cœur un sentiment indéfinissable qui tenait de l'amour et de la haine, et qui n'était ni l'un ni l'autre. Les dédains de la jeune fille parurent inexplicables dans les tribus Indiennes ; et ce fût, même, à cette occasion qu'elle reçût le nom de *Cœur-de-Panthère :* à l'oreille des sauvages il dépeignait parfaitement l'intraitable humeur dont Manonie avait fait preuve envers un de leurs plus braves et plus séduisants guerriers.

Elle avait alors seize ans : ses instincts l'attiraient vers la race blanche, elle finit par se fixer complétement parmi les Européens.

Là, au bout de peu de temps, elle fut rencontrée par un jeune lieutenant qui avait un peu entendu raconter son histoire par les Settlers des frontières ou les Indiens éclaireurs dans l'armée. D'abord il lui accorda de la curiosité, puis de l'intérêt ; enfin, un beau jour, il s'aperçut qu'il en était devenu profondément amoureux. En effet, les grâces natives, la réserve modeste, la candeur ingénue de Manonie étaient de nature à faire impression sur l'homme le moins sensible. Bientôt on pût se convaincre d'une chose surprenante, savoir qu'Henri Marshall, lieutenant de première classe dans les armées unies, fils de fière et riche famille, était le prétendant avoué et agréé d'une petite fille sauvage jusqu'alors dédaigneuse des meilleurs partis. — Car, il faut le dire, l'affection sincère et noble du jeune officier avait touché le cœur de Manonie ; elle n'avait pu le lui dissimuler.

Les fiançailles eûrent lieu avec un immense retentissement parmi les tribus indiennes. Cette nouvelle excita plus d'une secrète et amère jalousie. Nemona y fit peu d'attention, car aucun lien de famille ne l'attachait à Manonie ; mais Wontum en fût outré, et se promit d'exercer la plus terrible vengeance.

Comme il avait une influence considérable dans sa peuplade, il ne lui fut pas difficile de trouver des adhérents tout prêts à l'aider dans ses projets. Ainsi secondé il entreprit de la faire prisonnière dans le village Indien ; mais elle eût l'adresse de s'échapper et parvint à gagner heureusement le Fort.

Furieux de cette désertion, Wontum résolut

de reprendre la fugitive ; à cet effet, il combina un plan qui semblait immanquable.

Il se posta, avec ses guerriers, sur le passage d'une caravane, l'attaqua dans la vallée *South Pass* (Défilé du sud), et fit prisonniers les voyageurs qui la composaient. Au lieu de les massacrer inhumainement, suivant l'usage Indien, il se contenta de les faire garrotter avec soin; de plus, il eut la précaution de laisser échapper un des captifs : en agissant ainsi, il poursuivait le cours de ses combinaisons diaboliques.

Son but était, d'abord, de faire connaître par l'entremise du fugitif l'événement fâcheux survenu à la caravane. En effet, le malheureux émigrant, tout effarouché, ne manqua pas de courir au Fort Laramie, d'y raconter le désastre et de demander à la garnison une sortie dans le but de délivrer les prisonniers.

A cette nouvelle, tout ce que le rusé sauvage avait prévu ne devait pas manquer d'arriver ; les soldats s'empressèrent de se proposer pour l'expédition, on n'eût qu'à refuser les volontaires qui se présentaient en foule : il fut question d'une prise d'armes sérieuse.

C'était là précisément ce que voulait Wontum;

trouver le Fort dégarni de la majeure partie de ses défenseurs, le surprendre, y pénétrer, enlever Manonie, l'entraîner au fond des bois après avoir massacré tous les Européens s'il était possible.

Bien entendu, le lieutenant Marshall, ce rival détesté, avait la première place dans les féroces préférences de Wontum.

En attendant le résultat de sa stratégie, le chef Indien conduisit ses prisonniers et son butin au sommet de *Table-Hill* qui est voisin de *South Pass*.

Ce pic, un des plus formidables de cette chaîne, s'élève à sept mille quatre cent quatre-vingt huit pieds dans les profondeurs du ciel, au milieu d'un cachos titanique de roches anguleuses, aiguës, hérissées, menaçantes : sur ses flancs de granit sombre règnent l'horreur et la solitude ; ses sommités sont d'affreux déserts perdus dans le désert du vide.

Wontum ne pouvait choisir une retraite plus sauvage et plus inaccessible : aussi en avait-il fait son quartier général. Cependant il n'y concentra pas, pour le moment, toutes ses forces qui s'élevaient à environ deux cents hommes : il laissa à *Table-Hill* une trentaine de guerriers, et avec le reste de sa troupe s'en alla rôder autour du Fort Laramie, épiant une occasion favorable pour y porter le carnage, l'incendie et le rapt.

La distance entre *South-Pass* et Laramie est d'environ deux cents milles : la bande sauvage n'avait pas fait la moitié du chemin qu'elle aperçut les troupes venant du Fort. Les Indiens se cachèrent aussitôt, et, lorsque tout danger d'être aperçus fut passé, ils se portèrent rapidement en avant : tout paraissait tourner au gré de leurs désirs ; le plan de Wontum allait triompher.

Il n'était resté au Fort Laramie qu'une quarantaine d'hommes, sous le commandement du lieutenant Henry Marshall. Son mariage avec la jeune fée des forêts n'avait pas encore été célébré : cependant Manonic habitait le Fort depuis plusieurs mois, logeant avec la femme d'un officier.

L'agression commise contre les émigrants mit en éveil tous les instincts sauvages de la jeune fille ; elle resta convaincue que Wontum était sur le sentier de guerre ; dès ce moment, ses jours et ses nuits se passèrent dans une défiance incessante.

Rien n'égale la finesse idéale, la perspicacité inimaginable que l'éducation des bois donne aux sens ; rien n'égale l'étonnante prescience avec laquelle hommes, femmes, enfants devinent ce qu'ils ont à peine vu ou entendu : l'Européen, bercé dans les langes étroits de la civilisation, ne peut que s'incliner devant cette supériorité physique, et s'avouer inférieur, insuffisant, chétif.

Manonie avait le pressentiment des entreprises tentées par Wontum : elle *savait* qu'il ourdissait dans l'ombre quelque trame infernale, qu'il marchait contre le Fort ; la jeune fille en était certaine ; il ne lui manquait qu'un indice furtif, le vol d'un oiseau, un cri dans la forêt pour dire « Les voilà ! »

Toujours inquiète pour le Fort et sa faible garnison, la jeune fille passait ses nuits silencieuse sur les fortifications, épiant tous les murmures de l'air, les sons furtifs de la vallée, les échos lointains de la montagne.

Pendant les journées elle disparaissait ; tout son temps était employé à parcourir les environs du Fort, invisible et rapide comme un oiseau ; voyant tout, entendant tout ; devinant ce qu'elle n'avait pu voir ou entendre.

Ces longues et dangereuses pérégrinations plongeaient Marshall dans une mortelle inquiétude ; lorsque, le soir, il la voyait arriver, lasse, épuisée par ses longues courses, il lui adressait de tendres reproches auxquels elle ne répondait que par un fier sourire et un mutin mouvement de tête : le lendemain elle recommençait.

Par une après-midi brumeuse, Manonie revint plus tôt que d'habitude, annonçant l'approche des Indiens. Aussitôt la petite garnison fit ses préparatifs de défense, et s'organisa pour opposer une résistance désespérée.

Le commencement de la nuit se passa dans une attente muette et morne, pendant laquelle on aurait pû entendre bondir dans leurs poitrines les cœurs des braves défenseurs du Fort. A une heure du matin les Sauvages donnèrent l'assaut avec leur concert accoutumé de hurlements horribles : mais la réception fut si chaude et si inattendue qu'ils furent obligés de battre en retraite, après avoir essuyé des pertes considérables.

Alors commença un siége en règle, dans lequel Wontum déploya toute l'habileté, tout l'acharnement qui étaient en son pouvoir.

Trois jours se passèrent ainsi en combats

effrayants. Le lieutenant Marshall avait été blessé ; ses hommes, harassés par la lutte, et privés du concours de leur commandant, commençaient à se ralentir dans leur résistance.

Au milieu de la troisième nuit, les Indiens firent une charge désespérée : les assiégés se défendirent avec moins de vigueur. Encouragé par cette marque évidente de faiblesse, Wontum poussa si bien ses guerriers qu'ils pénétrèrent dans la première enceinte.

A ce moment, Manonie veillait auprès du lit de son cher blessé ; en s'apercevant de la position critique où se trouvait la garnison, elle sauta sur une hache, courut aux retranchements avec la furie du désespoir, appelant les soldats à elle, et se jeta au plus fort de la mêlée.

Cet acte de bravoure sauva le Fort : toute la garnison reprit courage sous l'influence de ce noble exemple ; il y eut une mêlée atroce, à la fin de laquelle les Sauvages furent repoussés.

Wontum fit des efforts inouïs pour s'emparer de la jeune fille ; puis, lorsqu'il se fut convaincu que c'était chose impossible, il ne songea qu'à égorger Marshall : cet acte de férocité aurait été pour lui une demi-vengeance.

Son couteau, rouge de sang, était levé sur la tête du blessé lorsqu'arriva Manonie : prompte comme la foudre, la courageuse enfant se jeta sur le meurtrier, son tomahawk étincela et s'abattit en sifflant. Elle avait visé la tête ; mais son élan fut si désespéré que l'arme passa à côté du but et s'enfonça profondément dans l'épaule.

Wontum, hors de combat, prit la fuite ; ses hommes l'imitèrent ; dès cet instant le siége fut levé, la garnison resta victorieuse. Les Indiens faillirent être pris entre deux feux, car les troupes revenant de leur expédition arrivèrent le lendemain dans la matinée.

Cœur-de-Panthère devint donc l'héroïne du Fort Laramie : sa renommée bien méritée s'étendit au loin dans la prairie et se répandit sur toute la frontière. Aussi le premier mot de chaque voyageur était de s'informer d'elle, en arrivant au Fort, afin de lui adresser les éloges et les hommages qu'elle avait si bien mérités.

Son mariage avec Henry Marshall fut célébré sans retard. Deux années s'écoulèrent, douces et rapides comme un beau songe pour les heureux époux. Manonie devint mère ; un petit Harry Marshall commença bientôt à trottiner dans le Fort.

Pendant longtemps la jeune femme, aidée de son mari, fit d'actives recherches pour tâcher de découvrir sa famille ; mais ses démarches furent infructueuses. Plus d'un père, plus d'une mère auxquels avaient été ravis leurs pauvres petits enfants, se présentèrent pour reconnaître, s'il était possible, dans la charmante et vertueuse *héroïne*, celle qu'ils pleuraient depuis tant d'années : rien ne facilita une reconnaissance ; aucun fait, aucun souvenir, aucun indice ne vint fournir une lumière utile : le mystère resta toujours aussi profond.

Pourtant, dans le recueillement de ses souvenirs, la jeune femme entrevoyait, comme des lueurs fugitives, les premières scènes de son enfance: il lui semblait apercevoir son petit berceau, sa mère penchée sur elle; entendre la voix mâle de son père s'adoucissant pour lui parler au travers d'un sourire. A l'amour qu'elle éprouvait pour son enfant, elle jugeait de celui qui avait dû veiller autour de ses premières années: elle se disait qu'ils avaient bien souffert — comme elle souffrirait, elle, en pareil cas,—ceux qui l'avaient perdue : elle se disait qu'elle la reconnaîtrait sûrement cette pauvre mère, aimée quoique inconnue, si la Providence la lui faisait rencontrer : elle désirait ce grand bonheur de la famille qui lui manquait pour former le complément béni de son existence : elle priait, du fond de son cœur, pour ces chers inconnus, qui, sans doute, priaient aussi pour elle, sur la terre ou dans le ciel.

Trois ans après leur mariage, le lieutenant Marshall et sa femme étaient sur le point de quitter le Fort Laramie pour se rendre à Leavenworth : le petit Harry, leur unique enfant, idole de ses parents et de toute la garnison, avait deux ans. Des événements inattendus vinrent jeter dans leur paisible existence une perturbation profonde.

CHAPITRE II

OLD JOHN

Si le lecteur le trouve agréable, nous lui rappellerons cette cabane installée au confluent des rivières *Platte* et *Medicine-Bow*, sur le flanc d'une colline : nous le conduirons auprès de cette habitation rustique, si bien cachée, comme un nid d'aigle au sein de la forêt, qu'elle avait échappé aux yeux perçants des rôdeurs Indiens.

Nous sommes au 20 septembre 1857 ; les premiers rayons de l'aube matinale commencent à peine à répandre sur la terre quelques lueurs indécises.

Un jeune homme, monté sur un *pur-sang* de toute beauté, s'approche lentement de la colline. Ses regards observateurs ont découvert une guirlande de fumée qui monte au-dessus des arbres; attiré par ce signe indicateur de la civilisation, il marche dans sa direction. Bientôt le chemin devenant impraticable pour sa monture, il est obligé de mettre pied à terre et de cheminer tant bien que mal, trébuchant, maugréant, soufflant, pendant que son cheval souffle et trébuche aussi, mais sans maugréer.

— Décidément, dit à haute voix notre voyageur; décidément, il a le goût du romantique, cet ermite enragé! Sans quoi, jamais il n'aurait choisi pour habitation un pareil site. C'est égal, son nom ne répond pas à la qualité de son logis. *Old John!....* est-ce un nom assez vulgaire!.... Quoiqu'il en soit, c'est un homme étrange, et sur lequel les Settlers de la plaine n'ont pu me fournir aucun renseignement.

Ces dernières paroles du monologue furent adressées au cheval, qui, n'y comprenant pas grand'chose, n'y répondit rien, comme son maître pouvait bien s'y attendre.

A ce moment, l'homme et son coursier atteignirent la petite clairière où était bâti la cabane;

— Que voudriez-vous donc savoir sur son compte? demanda soudainement une voix très-proche et qui semblait sortir d'un gros arbre.

En effet un vieillard apparût, soulevant un grand lambeau d'écorce qui cachait la cavité du tronc vermoulu.

Le jeune voyageur surpris, tressaillit et fixa des regards curieux sur son interlocuteur. C'était un homme de haute et puissante stature ; aux yeux noirs voilés par d'épais sourcils grisonnants; à la longue chevelure blanche tombant en désordre sur ses épaules ; à la barbe épaisse, rude, pendante sur sa poitrine, digne en tous points du reste de sa personne.

Sa voix était basse, un peu voilée par une expression mélancolique, mais ferme et vibrante comme celle d'un homme accoutumé au commandement.

Sans bien se rendre compte des sentiments qui l'agitaient, le jeune homme resta quelques instants sans répondre.

Le vieillard remarquant son hésitation lui dit :

— Vous avez amené par ici un trop bel animal: c'est dommage de sacrifier une aussi superbe bête aux griffes des *Legyos*.

— Je ne vous comprends pas.

— Aôh ! *Legyos ;* ce mot vous est inconnu ?

— Entièrement : c'est la première fois que je l'entends prononcer, et j'avoue que j'en ignore parfaitement la signification. Dans tous les cas, je serais désolé qu'il arrivât malheur à Dahlgren.

— Bien ! bien ! je comprends : c'est le nom que vous donnez à votre cheval. Alors, si vous vous intéressez à lui, empêchez-le de s'éloigner.

Le jeune homme se retourna vivement ; Dahlgren, qu'il avait négligemment attaché à une branche d'arbre, s'était rendu libre et se dirigeait vers la lisière du bois.

Après l'avoir ramené, le voyageur passa la bride autour de son bras pour ne plus le perdre de vue, et reprit la conversation :

— Je crois bien qu'il n'y avait pas grand risque à laisser la pauvre bête se rafraîchir un peu, avec l'herbe tendre, de sa course matinale ; néanmoins je préfère l'avoir sous la main.

— Vous faites prudemment, car au bout de cinq minutes il aurait disparu ; et pour le retrouver il aurait fallu l'aller demander aux *Legyos*.

— Encore les *Legyos* !

— Mais oui : vous ne savez donc pas que c'est

le nom indien des assassins, des brigands nocturnes ?

— Ainsi, vous croyez qu'ils auraient mis la main sur mon cheval ?

— Sans doute : vous ne vous y attendiez guère, il me semble ?

— Ma foi ! non, je considère même vos appréhensions comme mal fondées : dans mon opinion, les Sauvages ne se sont pas aperçu de mon passage dans la vallée.

— Excusez-moi, jeune homme ; vous êtes fou.

— Excusez-moi, vous même, sir: je ne suis pas accoutumé à m'entendre qualifier ainsi, je ne puis permettre cette licence à personne.

— Vous préférez agir à votre guise, je suppose ?

— Non, sir ! Lorsque je serai certain que nous sommes amis, je profiterai de vos avis. Mais je persiste à repousser la qualification dont vous venez de me gratifier.

— Eh bien ! je vous demande pardon. Vous savez que la vieillesse a des priviléges.

— Vous parlez courtoisement, sir ; je vous octroie un plein et entier pardon.

— Pourquoi êtes-vous venu seul ? demanda le

2

vieillard en interrogeant son visiteur du regard ; il n'est sain pour personne de traverser cette vallée sans escorte, encore moins pour un cavalier bien monté et qui porte l'uniforme de l'armée des États-Unis.

— Je n'ai pas eu le choix de faire autrement. Permettez-moi une question, sir. N'est-ce pas vous qui êtes connu sous le nom de John l'ermite ?

Le vieillard baissa la tête et demeura quelque temps silencieux. Pendant cet intervalle un frisson parut le faire tressaillir, sa poitrine comprima un soupir demi-étouffé.

Le jeune voyageur le regardait avec un intérêt sympathique, tout en se demandant quel terrible événement avait pu pousser cet homme à vivre dans cette obscure et triste solitude. Un moment il regretta ses dernières paroles, craignant qu'elles n'eussent ouvert involontairement quelque plaie mal cicatrisée dans l'âme du pauvre ermite.

Il avait beaucoup entendu parler de ce *Vieux John* : on le dépeignait comme un homme étrange, mais bon et pacifique. Les Sauvages en avaient une crainte superstitieuse : ils lui attribuaient une puissance surnaturelle, et n'approchaient jamais de sa cabane; ils n'osaient même s'aventurer sur la colline où elle était bâtie.

Les causes de son existence isolée et triste étaient ignorées ; était-ce le remords, était-ce le chagrin ?... Personne n'avait jamais pénétré ce mystère. De l'avis des Settlers qui avaient fait au Solitaire quelques rares visites, ce devait être un homme pieux, car ils l'avaient trouvé en prières. Tout ce qu'on avait pu deviner c'était que sa mélancolie se reportait à des scènes lointaines dans son existence, et qu'il s'était exilé dans cette solitude pour fuir des lieux témoins d'un bonheur perdu.

Après un long silence, le vieillard releva la tête, et répondit à la question du jeune homme :

— Oui... je suis le *viel ermite* pour tous ceux qui me connaissent un peu. Cependant je ne suis pas un anachorète, un reclus, comme vous paraissez le croire.

Le jeune homme promena ses regards autour de lui, comme pour chercher les compagnons qui partageaient la solitude du vieillard.

Ce dernier l'observait en souriant :

— Non, poursuivit-il, vous ne verrez ici ni femme, ni enfants, ni famille ; et pourtant je ne suis pas seul : regardez bien autour de vous ; qu'aperçoit-on ?

— Pas grand'chose, si ce n'est le désert sombre ;... la vallée ;... la montagne : toute cette nature est belle et grandiose, mais monotone. Là bas, la rivière étincelle au soleil ; à la longue, ces reflets fatiguent, ce sont toujours les mêmes.

— Oui ! oui ! enfant ! Cette région ressemble à son Créateur, — elle ne change jamais. — C'est bon, bien bon ! ce qui ne change pas. — Vous aimez la nouveauté, jeune homme ? regardez-moi : j'ai été jeune comme vous,... mais *j'ai changé*. Ma vie a changé encore plus que ma personne. — Vous êtes heureux maintenant ; eh quoi ! voudriez-vous *changer* ?... pour avoir quoi ?... du malheur ?... Gardez-vous de devenir indifférent aux bienfaits dont vous a comblé la Providence : faites comme les oiseaux de ces forêts ; ils sont toujours contents et ne *changent* jamais. Voyez ce miroir argenté de la rivière ; toujours le même lit paisible, les mêmes ondes murmurantes, la même fraîcheur enchantée. Depuis bien des années je la contemple, je l'aime, je rêve au bruit de sa voix immense ; elle n'a pas *changé*: la trouvez-vous moins belle pour cela ? Jeune homme ! Dieu vous garde d'avoir à regretter *ce qui était*, mais qui n'est plus !

— Votre langage, sir, conviendrait à peindre une existence pleine d'éclat, de jeunesse, de félicité : mais il y a des cas, où je suppose que le changement serait bon et désirable. Prenons votre position elle-même pour exemple : croyez-vous que rien ne pourrait la rendre plus heureuse ?

— C'est mon opinion. Connaissez-vous les remarquables paroles prononcées par le baron de Humboldt au moment de sa mort ?

— Je ne pourrais vous dire.

— Les voici : le vénérable savant voyait arriver le terme de son existence si belle et si bien remplie. Un jour, par une fente de ses volets passa un rayon de soleil qui vint se jouer sur son lit. Il contempla pendant quelques instants cette gerbe lumineuse, puis il murmura avec une expression de joie : « Oh ! que c'est beau ! Dieu ! que c'est « beau ! » — Il avait vu pareille chose dix mille fois en sa vie, mais jamais son admiration pieuse ne s'était lassée. — Excusez-moi, jeune homme, je me livre à des pensées rustiques et trop naïves pour un homme civilisé comme vous ; et j'oublie de vous demander quel est le but de votre visite: car vous venez du Fort, je suppose ?

— Je suis le lieutenant Henry Marshall.

— Ah oui ! je me souviens de vous avoir vu passer dans la vallée, il y a une dizaine de jours; mais vous étiez si loin, qu'aujourd'hui je n'aurais pu vous reconnaître. Où sont vos hommes?

— Ils sont tous morts.

— Que me dites-vous là ?

— Oui ; nous avons été surpris par une troupe de Sauvages dans la *Passe du Sud*; moi seul ai pu m'échapper pour aller porter cette triste nouvelle au Fort. Une triste nouvelle, sir; en vérité, une triste nouvelle!

Et le jeune officier poussa un soupir en songeant à ses malheureux compagnons d'armes.

— A quelle tribu appartenaient les assaillants ?

— Je ne sais pas; il me semble que c'étaient des Pawnies. Wontum, un de leurs chefs, a juré de me tuer, et d'enlever ma femme avec mon enfant; pourtant je ne l'ai pas aperçu parmi les Indiens; mais je suis convaincu qu'ils agissaient d'après ses ordres.

— Non, il a traversé la Vallée derrière Laramie, il y a trois jours.

— Est-il possible..? Et,... était-il seul ? demanda Marshall avec animation.

— Non : ses guerriers étaient avec lui, — tous peints en guerre, prêts *pour le sang*.

— Ils étaient nombreux ?

— Au moins trois cents.

— Et peints en guerre...? murmura Marshall. Êtes-vous certain que Wontum les conduisit en personne ?

— Je ne pourrais en répondre positivement, car ils étaient à grande distance. Mais, soit parce qu'ils étaient peints en guerre, soit pour plusieurs autres raisons, je suis convaincu que c'était la bande de Wontum.

Henry Marshall poussa un profond soupir et devint très-pâle ; au bout d'un instant le sang monta à son visage, il pressa son front entre ses deux mains. Le vieillard qui l'observait lui dit :

— Pensez-vous que, réellement, ils aient l'intention d'attaquer le Fort ?

— Oui, et je tremble pour les suites ; car la garnison est si faible !

— Oh ! elle se défendra bien un peu, dans tous

les cas ; si je ne me trompe, vous craignez bien davantage pour les *Settlers* que pour les soldats ?

— Je ne pourrais dire si j'ai plus de sollicitude pour les uns que pour les autres, mais, à ce moment, j'ai un poids énorme sur la poitrine ; mon absence est peut être un acte de lâcheté qui livre ma femme et mon enfant aux chances des plus terribles dangers.

— Ne sont-ils pas en sûreté dans le Fort

— Oui ; du moins, je le suppose. Je n'ai aucune raison pour les croire en danger, et pourtant je suis oppressé par un pressentiment sombre : s'il leur arrivait malheur, je n'y survivrais pas.

— Gardez-les bien, jeune homme, ces trésors... une fois perdus on ne les retrouve plus ! répondit le vieillard d'un ton pénétré, pendant qu'une larme tremblait au bord de sa paupière.

— Certainement, je voudrais les sauvegarder ; c'est le but unique de mon existence ; mais il faut que je sois partout à la fois. Si je me suis arrêté ici jusqu'à présent, c'était pour procurer à mon pauvre cheval quelques moments de repos : je ne l'ignore pas, les moments sont précieux.

— Il y a de grands dangers à courir d'ici au Fort.

La vallée est pleine de coquins altérés de sang.

— Il faut que je marche, quand même : les sentiers fussent-ils hérissés de serpents à sonnettes, il faut que je leur passe sur le corps.

— C'est noblement parler, mon jeune ami, je vous félicite de votre courage : mais vous ne partirez pas seul ; c'est impossible.

— Qui voudrait venir avec moi ? qui voudrait partager de tels périls ?

— Moi.

— Eh quoi ! vous laisseriez pour moi, votre solitude si paisible, si sûre ?

— Je ne suis pas aussi solitaire que vous le croyez ; je consacre une bonne portion de mon temps à secourir les malheureux voyageurs. — Encore une fois, vous ne pouvez pas traverser la vallée ; je serai votre guide dans la montagne, la seule voie qui reste praticable.

— Et je vous tiendrai compagnie, aussi sûr que mon nom est Jack Oakley ; dit d'une voix hardie un nouvel arrivant.

Le vieil ermite lui tendit la main en signe de bienvenue, et lui demanda :

— Nous apportez-vous quelque nouvelle d'importance ?

— Oui, quelque chose d'important pour moi surtout.

— Qu'est-ce que c'est ?

— Oh ! toujours la bonne chance à l'envers. J'ai amené ici Molly, le *baby* et la vieille femme. Ça me ferait bien plaisir de pouvoir les laisser ici.

— Il faut que les choses aillent bien mal pour que vous soyez obligé de chercher ici un refuge pour votre famille. En tout cas, elle est la bienvenue comme toujours.

— Merci ! je savais bien que nous trouverions bon accueil. Les pauvres enfants seront en sûreté ici ; au moins les *Legyos* n'oseront pas venir les relancer ici, jusque dans la maison du Vieux Nick.

Sur un signal d'Oakley deux femmes et un bébé firent leur apparition dans la cabane et furent paternellement reçus par le vieillard.

— Enfin ; quelles nouvelles ? demanda de nouveau ce dernier.

— Rien ; répondit Oakley, si ce n'est qu'environ deux cents canailles rouges ont descendu la Platte et rôdent par là bas dans tous les environs. Je pense donc que notre meilleure route sera de filer dans les montagnes en suivant le cours du Laramie : ce sera le plus sûr, et si nous faisons quelque rencontre sur les collines, ce ne seront que des coquins isolés.

Les préparatifs furent bientôt faits ; la petite caravane se mit en route dans la direction du Fort.

CHAPITRE III

L'EMBUSCADE DU TIGRE ROUGE

Les Sauvages avaient reçu un châtiment sévère sous les murs du Fort. Mais peu à peu l'impression s'en était effacée, et trois années s'étaient à peine écoulées depuis le mariage de Marshall avec Manonie que les Pawnies avaient recommencé leurs déprédations.

Le plus souvent, leurs méchancetés étaient l'œuvre indirecte de Wontum, qui, à sa haine invétérée contre les Blancs joignait une exécration toute particulière contre l'homme qui lui avait ravi les bonnes grâces de *Cœur-de-Panthère*.

Dans le but de se venger, il avait concentré toute son intelligence à méditer des plans diaboliques et on pouvait dire à coup sûr qu'il ne faisait pas un mouvement, ne se livrait pas à une pensée qui n'eût pour but quelque atrocité contre son ennemi.

L'Indien, revenu à son caractère natif, est ainsi: fidèle à l'amitié, plus fidèle encore à la haine; persévérant jusqu'à la mort dans ses farouches projets de vengeance; indomptable, impitoyable; plus sanguinaire que le Loup, plus féroce que le Tigre; se faisant une gloire, un triomphe suprême d'arriver à ses fins, dût-il payer le triomphe de sa vie.

Les difficultés que Wontum avait rencontrées dans l'accomplissement de ses fureurs, au lieu de le décourager, avaient augmenté son exaltation; il avait tourné tous ses efforts vers une entreprise désespérée, et qui, à son avis, devait frapper Marshall au cœur : il s'agissait de lui enlever son jeune enfant.

Pour mieux préparer les événements au gré de ses désirs, Wontum se mit à semer entre les Blancs et les Indiens les germes d'une haine nouvelle, gonflée de tout l'ancien levain de leurs vieilles discordes : il eût même l'infernale précaution d'irriter entre elles les tribus Peaux-Rouges. Par ces moyens perfides il organisa les éléments d'une guerre générale.

Tous les jours se commettaient des meurtres, des vols, des atrocités de toute espèce dont il était le ténébreux auteur. Ensuite il pérorait contre les Visages-Pâles qu'il accusait de ces méfaits. Et cet état de choses devenait d'autant plus irritant que les victimes étaient toujours choisies parmi les Pawnies, ou dans quelque tribu amie du voisinage.

A la fin, le chef suprême, Nemona, poussé par tous ses guerriers exaspérés, décida qu'on commencerait les hostilités. Ce jour-là Wontum faillit mourir de joie : il déploya, à lui seul, plus d'ardeur que tous ses compagnons ensemble, et mérita de recevoir une part importante du commandement supérieur.

Les Sauvages prirent possession de *Devil's Gate*, s'y fortifièrent avec un art infini, et se lancèrent en expédition.

Leur première attaque tomba justement sur une caravane escortée par Henry Marshall : voyageurs et soldats furent massacrés ; le lieutenant seul échappa d'une façon presque miraculeuse à ce désastre sanglant ; nous l'avons vu arriver seul et désolé chez le vieil ermite.

Après ce premier succès, sans perdre un seul

instant, Wontum descendit la rivière Platte par un mouvement rapide, et arriva sous les murs du Fort, bien longtemps avant que l'on y connût la fatale destinée de la caravane.

Le vindicatif Indien touchait à son but ; il ne s'agissait plus que de tenter à propos quelque ruse audacieuse : en un tour de main Cœur-de-Panthère et son petit enfant pouvaient être enlevés.

Par une sombre nuit d'orage, il conduisit ses guerriers tout près des fortifications et les embusqua dans un petit bois extrêmement fourré. Puis il s'avança en éclaireur, seul, sans peinture ni vêtement de guerre.

On était loin de s'attendre à un péril semblable dans le Fort ; plus loin encore de prévoir un assaut aussi proche. La vigilance des sentinelles s'était considérablement relâchée ; on ne se croyait plus en danger.

Wontum n'eût aucune difficulté à se glisser jusqu'à l'intérieur des ouvrages avancés qui entouraient les fortifications : mais pour pénétrer plus avant dans la place se présentait un obstacle plus grave.

La présence d'un Indien à pareille heure (il était minuit passé), devait nécessairement exciter des soupçons, s'il venait à être aperçu : le risque était d'autant plus grand, qu'avec les bruits de guerre sauvage qui commençaient à circuler, Wontum avait toute chance d'être pris et passé par les armes dans la même minute, à titre d'espion ou de maraudeur nocturne.

Cependant le rusé coquin arriva sans mésaventure jusqu'à la porte du Fort. Elle était fermée et sa massive membrure de chêne opposait une barrière infranchissable. Devant était un factionnaire languissamment appuyé contre la muraille, son fusil à côté de lui.

— Voilà un homme qui serait bien facile à égorger, sans bruit et sans peine, pensa Wontum.

Tout en songeant ainsi, et cherchant le parti qu'il allait prendre, il caressait son couteau de la main ; l'instinct farouche du meurtre lui montait au cœur, la sentinelle courait sans s'en douter un danger mortel.

Tout à coup la porte s'ouvrit avec un bruit sourd, un peloton de soldats apparût ; on venait relever le factionnaire. Ce dernier, réveillé en sursaut, sauta sur son fusil et présenta les armes ; puis, tous les militaires se groupèrent pour échanger la consigne et le mot d'ordre.

Le Pawnie profita de ce moment pour se glisser comme un serpent au travers du guichet béant devant lui. Un sentiment d'orgueil gonfla sa poitrine ; il était au cœur de la place.

Mais là il se trouvait en pays inconnu, au milieu des plus épaisses ténèbres. Il était entré dans la citadelle une seule fois peut-être, et alors il n'avait pas songé à en connaître la topographie intérieure, jusque-là sans intérêt pour lui.

Or, ce n'était pas chose facile de cheminer dans ce dédale tout hérissé de périls et dans lequel il ne savait pas comment faire le premier pas.

Son ardeur de vengeance était telle qu'il s'arrêta à peine à réfléchir, et qu'il entendit d'une oreille impassible la porte énorme retomber dans son cadre de granit, fermant ainsi toute issue pour la retraite. Pendant quelques secondes le pas cadencé des soldats résonna dans l'esplanade, puis tout retomba dans un lugubre silence.

Wontum ignorait les usages des camps civilisés ; mais son instinct naturel lui révélait que, comme dans un village Indien, les logements les plus beaux devaient être réservés aux chefs ;

cette première donnée lui suffit pour s'orienter.

Devant lui s'étendait une double rangée de tentes ou de baraques, dont les formes basses et blanchâtres se profilaient sur les noires profondeurs de l'horizon. A sa droite s'élevaient des maisons dont les apparences étaient plus confortables : il en augura que ce devait être là son but.

Pour s'en approcher l'Indien, était obligé de traverser un espace découvert : mais l'obscurité était si épaisse, qu'en usant de précautions, il ne risquait nullement d'être aperçu.

L'audacieux espion s'avança donc hardiment, rampant à la manière Indienne, invisible, silencieux, rapide comme un démon de la nuit.

Partout la nuit noire ! Au travers d'un volet mal joint, au rez-de-chaussée, s'échappait un mince filet de lumière : deux ou trois clartés tremblottantes se montraient vaguement aux fenêtres de l'étage supérieur. Pas une voix, pas un son ne troublait le morne silence, si ce n'étaient les pleurs lamentables de la pluie ruisselante et le râlement obstiné du vent.

Tous dormaient d'un sommeil de plomb, excepté ceux dont le devoir était de veiller ou ceux qui entretenaient les lumières brillant à leurs fenêtres :.... Et si des yeux étaient éveillés, si un cœur était inquiet, pourquoi ne serait-ce pas ceux de Manonie, de *Cœur-de-Panthère !*

A ce nom, les muscles de l'Indien se crispèrent dans ses mains brûlantes ; l'heure de la vengeance arrivait enfin !!

Il avançait sans relâche, glissant sur le sol avec lequel se confondaient les teintes brunes de son corps, s'arrêtant souvent pour sonder l'ombre dans une muette immobilité. Bientôt il fût tout près de la fenêtre éclairée au rez-de-chaussée : il se redressa, tout palpitant d'une curiosité farouche. D'épais rideaux interceptaient complétement la vue de l'intérieur ; l'Indien ne pût rien apercevoir. Alors il appliqua son oreille contre les vitres et écouta : aucun son ne se fit entendre.

Après un instant d'observation infructueuse l'audacieux bandit frappa un léger coup sur un carreau : nul mouvement ne répondit.

— Dors ! dors ! grommela-t-il ; c'était ici la chambre du capitaine, lorsqu'il fût blessé, il y a longtemps : il faut savoir si c'est encore la sienne.

Et il frappa de nouveau contre les vitres, mais

plus fort, cette fois. Aussitôt il se fit du bruit dans l'intérieur. Prompt comme l'éclair, le sauvage recula et se coucha par terre.

Quoiqu'on fut au mois de septembre et que les journées fussent encore chaudes, les nuits commençaient à êtres fraîches, surtout celle qu'avait choisie Wontum, à cause de la tempête. Les volets étaient donc fermés ; mais celui près duquel s'était arrêté Wontum, s'ouvrit en dedans de la croisée, et une forme humaine se montra derrière les vitres dans une espèce d'auréole lumineuse. Il était impossible de distinguer si c'était un homme ou une femme.

Au même instant, une fenêtre située directement au-dessus s'ouvrit, la tête d'une femme apparut, et une voix féminine s'écria :

— N'avez-vous pas entendu un bruit inusité, lieutenant Blair ?

— Oui, Manonie. Avez-vous remarqué quelchose de suspect ?

— Certainement ! je ne dormais pas et j'écoutais avec attention pour savoir si je n'entendais pas arriver mon mari que j'attends cette nuit. Eh bien ! je jure qu'un individu ou un objet quelconque a frappé à votre volet.

— Moi, au contraire, j'estime que nous nous sommes trompés tous deux. Ce sera le clapotement de la pluie ou le grincement des volets qui nous aura inquiétés.

— Non ! non ! mon oreille a été attentive aux moindres bruits depuis la chûte du jour, elle n'avait rien entendu de semblable jusqu'à ce moment. Je ne serais pas du tout surprise que les Indiens fussent en train de rôder par ici.

— Vous me paraissez dans l'erreur, Manonie. Vous êtes dans une agitation nerveuse occasionnée par l'absence de votre mari. Il serait impossible à un Sauvage d'entrer ici sans être aperçu. Je vous conseille de vous reposer ; cet état d'attente et de vigilance forcée vous fait mal.

— Il me serait impossible de prendre du repos, alors même que je le voudrais. D'ailleurs, mon petit Harry a eu la fièvre et a passé une partie de la nuit dans l'insomnie. Il dort à cette heure.

— Sans doute vos inquiétudes l'ont agité. Croyez-moi, remettez-vous au lit, sans vous tourmenter davantage de tout cela. Si, par hasard, le bruit se renouvelait, je sortirais aussitôt pour faire une ronde sévère, et vérifier ce qui se passe.

— Vous n'avez rien entendu dire sur le sort de mon mari et de nos amis, n'est-ce pas?

— Pas encore ; mais je n'ai aucune crainte à leur sujet.

— Je n'en puis dire autant : tout ce que je vois depuis quelques jours me donne à penser que les Sauvages préparent quelque méchanceté. J'en ai aperçu bon nombre errant dans les environs, et leur apparition en ces lieux ne présage rien de bon. Je suis tourmentée de l'idée que mon mari n'était pas escorté de forces suffisantes.

— Oh! nous lui avons encore envoyé cent hommes de renfort. Demain, sans doute, nous les verrons arriver sains et saufs.

— Dieu le veuille! bonsoir, lieutenant Blair.

Sur ce propos Manonie ferma ses contrevents.

Le jeune officier resta encore un moment occupé à sonder les obscurités de la nuit, puis il referma sa fenêtre et alla se coucher.

Wontum se releva d'un seul bond.

Si quelque spectateur invisible avait pu apercevoir le visage de l'Indien, il aurait été épouvanté de l'infernale et triomphante expression qui se peignait sur ses traits de bronze. Le démon rouge savait maintenant tout ce qu'il voulait :

Manonie était enfin trouvée ; sa chambre était connue ; l'absence de son mari, l'absence des meilleurs soldats du Fort, la faiblesse numérique de la garnison, tout venait d'être révélé à l'audacieux espion.

Il eût peine à retenir le cri de joie qui gonflait sa poitrine.

Son premier mouvement fût de rejoindre ses guerriers et de donner immédiatement l'assaut ; une réflexion l'arrêta : le jour allait se lever dans peu d'heures, trop tôt peut-être pour que les Indiens eussent le temps d'être prêts à l'attaque. Or il ne fallait pas se risquer à un combat douteux qui pût aboutir à une défaite.

D'autre part l'orgueilleux désir de mener tout seul à fin cette sinistre aventure le possédait. En un instant il eut combiné son plan, basé sur ce que le lieutenant Blair venait de dire ; savoir, qu'il sortirait pour faire une ronde s'il entendait le moindre bruit.

Il se rapprocha donc du volet et le cogna doucement, de façon à ce que Manonie ne pût l'entendre, puis il s'étendit par terre vivement. La fenêtre de Blair s'ouvrit brusquement et cet officier demanda « qui va là ? »

Bien entendu il ne reçut pas de réponse.

Alors le lieutenant sortit de sa chambre et ouvrit la grande porte d'entrée : le Sauvage, aussitôt qu'il entendit ses pas craquer sur le gravier des allées, s'élança, prompt comme la pensée, dans la chambre vacante et se blottit sous le lit.

Un sourire diabolique contracta ses traits, lorsque son oreille attentive saisit les ordres de recherche donnés par Blair à haute voix.

— Personne n'aura l'idée de regarder par ici, pensa-t-il ; Wontum est plus rusé que le serpent, plus subtil que l'oiseau de la nuit : il se rit des Faces-Pâles.

Au bout de quelques minutes l'officier rentra dans sa chambre, s'assit devant sa table et se mit à feuilleter des papiers en attendant le résultat des perquisitions. Au bout d'une heure, un caporal se présenta et informa son chef que tout avait été visité dans le fort sans aucun résultat. Alors le lieutenant ferma ses volets, puis se coucha.

Une heure après, la respiration égale et retentissante du jeune homme annonça à son dangereux hôte qu'il était profondément endormi. Wontum rampa hors de sa cachette avec des précautions infinies, s'assit sur le bord du lit, et se mit à contempler le lieutenant, qui, certes, ne soupçonnait point le terrible péril auquel il était exposé.

Le Sauvage tira de sa ceinture un couteau long et acéré; il en essaya la pointe sur le bout de son doigt, et éprouva un mouvement de satisfaction intime en se voyant maître de la situation, en voyant un de ses ennemis mortels complètement à sa discrétion.

Il se redressa de toute la hauteur de sa grande taille et se pencha sur le dormeur en levant son couteau qui jeta, dans l'ombre, un éclair sinistre.

Puis, sa main s'abaissa sans frapper... Le jeune lieutenant souriait au milieu d'un rêve... peut-être son âme, libre pendant quelques instants des liens terrestres, s'était envolée aux régions heureuses où tout est joie, bonheur et amour.

Presque en même temps, troublé par les effluves magnétiques rayonnant autour de l'Indien, son sommeil fut interrompu soudain; Blair ouvrit les yeux.

En apercevant près de lui cette forme sombre et menaçante, le jeune officier chercha à se lever ; sa poitrine rencontra la pointe du poignard.

— Silence ! gronda le Sauvage.

— Que voulez-vous ?

— Vous tuer — de suite — voilà !

Le malheureux lieutenant ferma ses paupières, poussa un soupir ; la lame s'était enfoncée toute entière dans sa gorge.

Le bandit regarda froidement le cadavre et resta quelques moments immobile. Tournant ensuite sur ses talons, il marcha vers la porte, l'ouvrit et fit quelques pas dans le vestibule : la mèche fumeuse et carbonisée d'un quinquet jetait dans l'ombre quelques lueurs mourantes, un profond silence régnait partout. Wontum s'enfonça dans le corridor d'un pas de fantôme, cherchant l'escalier qui menait aux étages supérieurs.

L'ayant trouvé aisément, il en gravit légèrement les degrés, s'orienta habilement, et finit par découvrir la porte de la chambre où reposait Manonie.

Là, il s'arrêta pour écouter ; point de bruit... la mère et l'enfant dormaient. Au travers d'une crevasse l'Indien reconnut que la veilleuse éclairait encore. Il mit la main sur le loquet pour ouvrir ; la serrure était fermée à clef.

Cet obstacle imprévu faillit déconcerter le Sauvage : attendre, c'était perdre un temps précieux, et, aux premiers rayons du jour, courir risque d'une mort certaine ; enfoncer la porte, c'était jeter sur lui toute la garnison que Manonie, réveillée, appellerait à grands cris...

Que faire donc?... Wontum sentait chanceler son audace.

Mais, lorsqu'un de ses favoris accomplit l'œuvre du mal, Satan leur procure parfois une chance toute spéciale : ainsi arriva-t-il en cette occasion.

La démarche lourde et cadencée d'une ronde de nuit se fit soudain entendre, tirant de leur silence les échos endormis sous les voûtes sombres. Un mouvement se fit entendre dans la chambre de Manonie Wontum prêta l'oreille avec avidité, puis il fit un bond en arrière, et eût à peine le temps de se cacher dans l'embrasure d'une autre porte. Manonie sortait, un bougeoir à la main, et se dirigeait vers l'escalier.

Tout en descendant légèrement les marches elle murmurait quelques mots, comme si elle eût répondu à ses propres pensées.

— Le voilà peut-être arrivé! dit-elle avec joie.

Et elle courut vers la porte, croyant aller au devant de son mari.

Pendant qu'elle s'éloignait, le Sauvage se glissa à pas de loup dans la chambre, se cacha derrière les doubles rideaux de la fenêtre et attendit les événements.

Il eût le temps de faire l'examen de la pièce ; elle était meublée sans luxe, mais néanmoins elle renfermait tout ce qui constitue une simplicité confortable. Près du lit de sa mère, le petit Harry reposait dans un joli berceau.

Le petit Harry... le fils de celle qu'il avait aimée avec tant d'emportement, tant de fureur !... L'innocente créature allait servir d'instrument aux angoisses de son père et de sa mère !...

Un infernal sourire crispa les lèvres du Sauvage ; il lui fallut un effort suprême pour retenir un cri de triomphe, le redoutable cri de guerre du Pawnie.

Son attente ne fut pas longue ; Manonie reparut bientôt. C'était la première fois que Wontum la revoyait depuis trois ans. Une émotion profonde et étrange le saisit à son aspect ; son visage s'assombrit en la contemplant ; il caressa de la main son couteau avec une amère volupté.

La jeune femme s'approcha du berceau et se pencha sur son premier-né. Il dormait d'un paisible et profond sommeil.

— Mon Dieu ! merci ! murmura-t-elle en joignant ses mains sur cette petite tête chérie, mes craintes étaient vaines ; il repose sans souffrance, mon mignon baby, et ses jolies lèvres roses ont un sourire. — Oh! Seigneur! si j'allais le perdre! Mais non, je suis folle ; le lieutenant Blair a raison de me dire que je dois prendre soin de moi pour me conserver à mon fils. Oui, allons dormir, il le faut, je me sens bien lasse. Chose étrange ! lorsque je vivais dans les bois de la montagne je n'étais jamais fatiguée ; porter des fardeaux, suivre une piste, pagayer un canot, tout cela n'était qu'un jeu pour moi. Et maintenant que je vis au milieu du luxe, dans le bien-être, je suis harassée pour peu de chose. — Ah ! c'est qu'alors mon esprit et mon cœur étaient insouciants ; aujourd'hui, quand mon cher Henry est absent seulement une heure, je n'ai devant les yeux que des visions de mort,... j'ai peur, toujours peur quand mon enfant est souffrant, je le crois perdu !... — Et pourtant, je ne voudrais pas changer d'existence, redevenir ce que j'étais..., seule... isolée...

sans famille...! Oh ! non ! ce serait terrible, de perdre tout ce bonheur inquiet mais précieux, que le ciel m'a donné. — Je ne saisi mes parents m'aimaient comme j'aime mon fils. Ils doivent être morts, car je sens bien que je ne survivrais pas à une telle perte... Allons nous coucher.

A ces mots, la jeune mère s'agenouilla auprès du berceau, leva ses mains vers le ciel, et fut absorbée pendant quelques instants dans une fervente prière. Elle se releva ensuite doucement, pressa contre ses lèvres une petite main rose que l'enfant avait arrondie sur son front ; puis elle se glissa doucement vers son lit, marchant sur la pointe des pieds, pour ne point troubler le sommeil du cher petit innocent.

Fatiguée de ses veilles et de ses inquiétudes, Manonie s'endormit profondément.

Le monstre à figure humaine qui veillait, caché dans un recoin obscur, quitta sans bruit sa sombre retraite et s'approcha lentement du lit, le couteau tiré en cas de besoin. Il prit l'enfant dans ses bras avec une précaution telle que ni lui ni sa mère ne furent éveillés : il ouvrit silencieusement la porte, traversa le vestibule, descendit l'escalier comme un fantôme t arriva dans la chambre du lieutenant qu'il avait tué. En ouvrant les volets il s'aperçut avec un sentiment de malaise qu'il faisait presque grand jour. Les fils de Satan craignent la lumière; leur élément c'est la nuit.

Mais, au mouvement qu'il fit pour bondir par la fenêtre, l'enfant s'éveilla; à peine ses yeux se furent-ils ouverts sur l'horrible visage courbé vers lui qu'il se mit à pousser des cris lamentables de terreur.

Sur le champ, la mère, se levant en sursaut, répondit par d'effrayantes clameurs qui allèrent troubler la garnison jusque dans les derniers recoins du Fort. L'étincelle électrique est moins rapide que la vigilance maternelle.

Wontum en entendant ce tumulte soudain, comprit qu'il n'avait pas une seconde à perdre, et s'élança comme une flèche dans la direction des remparts. Son apparition était si inattendue et les sentinelles si peu sur leurs gardes, qu'avant le commencement des poursuites, l'Indien était déjà sur les parapets. Vingt carabines se levèrent dans sa direction; mais personne ne fit feu on craignait pour l'enfant.

Le démon rouge franchit les murailles, courut comme un daim jusqu'à la rivière Laramie, s'y jeta à corps perdu, la traversa à la nage avec une rapidité surprenante, puis s'enfonça dans les bois qui garnissaient la rive opposée.

La malheureuse mère avait eu à peine le temps d'ouvrir sa fenêtre et de voir disparaître l'enfant aux bras de son ravisseur.

Un premier mouvement d'angoisse et de désespoir paralysa ses forces, elle retomba inanimée. Mais, dans la même seconde, elle se releva impétueuse, invincible, capable de tout ; la force maternelle, infinie, irrésistible, venait de la transformer.

Plus de cris, plus de gémissements ; la flamme dans les yeux, elle se dressa comme un ressort d'acier et bondit au travers de la fenêtre ; soutenue dans sa chûte par des ailes invisibles, elle effleura à peine le sol et reprit son essor, les cheveux au vent, les bras tendus, courant dans la direction du Pawnie, plus rapide, plus intrépide que lui.

Elle traversa l'Esplanade comme une apparition vengeresse, franchit les remparts, les fossés, la rivière. Bientôt on pût voir une ombre s'enfonçant dans les bois : c'était la mère ardente, hors d'elle-même, en pleine chasse pour son enfant.

Quand elle eût disparu, les soldats de la garnison se portèrent tumultueusement à la chambre où le lieutenant Blair gisait dans son sang. L'examen du corps donna lieu à mille conjectures qui, toutes, vinrent se confondre en une incertitude profonde : la mort de l'infortuné officier resta pour le moment un mystère inexpliqué

Dans la pensée que les Indiens du voisinage étaient à coup sûr les auteurs ou les complices de ce double crime, la majeure partie de la garnison se mit en campagne pour les poursuivre chaudement.

Cette imprudente expédition devint la perte du Fort : les Sauvages le sachant dégarni de la presque totalité de ses forces, lui donnèrent un assaut terrible auquel rien ne pût résister. Après avoir anéanti cette poignée de braves qui leur avaient opposé une défense héroïque, les Indiens firent de la forteresse un monceau de ruines et de cendres. Quelques malheureux soldats échappés par miracle purent seuls raconter les péripéties de ce désastre : le Fort Laramie et ses défenseurs avaient vécu.

CHAPITRE IV

AVENTURES DE MONTAGNES. — QUINDARO.

Ce n'était pas une petite besogne pour le lieutenant Marshall et ses nouveaux amis que de se frayer une route au travers des roches, des arbres, des inextricables buissons qui hérissaient les flancs de la montagne. Le jeune officier se sentait dévoré d'impatience, et si ce n'eût été la crainte de désobliger ses amis, il aurait passé par la vallée sans se préoccuper des dangers mortels qu'il y aurait infailliblement rencontrés.

La nuit venue, les voyageurs firent halte pour prendre le repos dont ils avaient grand besoin car la journée avait été rude.

Après avoir promptement expédié un frugal

repas, on se mit à causer, et on calcula les ravages que pourraient faire les Indiens avant que des forces militaires, suffisantes pour réprimer leurs expéditions, fûssent arrivées sur les lieux.

Oakley se plaisait à supposer que le soulèvement Indien s'évanouirait en fumée ; mais l'Ermite secouait la tête d'une façon significative.

— Si seulement, disait Oakley, nous pouvions mettre la main sur ce *Chat des Montagnes*, comme leur coquin de chef s'intitule lui-même, on lui signerait une feuille de route pour le grand voyage et tout serait dit.

— Qu'entendez-vous par ces mots ? lui demanda Marshall.

— Quels mots...? le grand voyage...?

— Oui.

— Ah ! ah ! la question est bonne ! deux onces de plomb dans le crâne, et six pieds d'eau tout autour de lui : voilà ce qu'il lui faudrait, jeune homme: avec ça, en suivant le cours du Laramie, il irait loin ! Je crois qu'on peut appeler une semblable promenade un grand voyage.

— C'est vrai..: mais à qui appliquez-vous ce titre de « Chat des Montagnes? »

— Eh donc! je suppose que c'est à Nemona le chef Pawnie.

— Mon avis, interrompit l'Ermite, est que Wontum a plus d'influence dans sa tribu que le chef lui-même. Nemona est un peu trop civilisé, cela choque ses guerriers : mais l'autre leur convient beaucoup mieux, car c'est une bête fauve altérée de sang.

— Ce que vous dites là, mon ancien, est juste comme la parole d'un prédicant en chaire. Et moi je puis ajouter que si ces vermines rouges n'étaient pas tenues en respect par certain gaillard de ma connaissance, nous en verrions de cruelles. Wontum en a une peur épouvantable ; il le craint plus que tous les serpents de Rattlesnake-Ridge.

— De qui voulez-vous parler? demanda Marshall.

— Ah! par exemple, capitaine, voilà une question facile, mais la réponse ne l'est pas autant. Dans tous les environs il n'y a que ma fille Molly qui sache quelque chose sur cet être mystérieux: mais elle reste bouche close sur ce chapitre. Oh! c'est une étrange fille que Molly, je vous l'affirme.

— Enfin! savez-vous au moins son nom? reprit Marshall dont la curiosité était visiblement excitée.

— Miséricorde! c'est un nom de l'autre monde, qui me déchire le gosier chaque fois que je le prononce. Molly l'appelle Quindaro.

— Comment se fait-il, demanda le vieux John, que ce soit votre fille qui sache quelque chose sur cet étranger, et que vous n'en sachiez rien?

— Oh! voyez-vous, John, je n'aime pas trop à me fourrer dans les affaires de femmes; d'ailleurs je n'y entends rien : Molly est une fille prudente, je n'ai nul besoin de me mêler de ce qu'elle fait. Je me suis dit : « Jack! voilà deux amoureux; « ne les trouble pas! Lorsque ta vieille femme et « toi vous étiez jeunes et amoureux, tu n'aurais « pas souffert qu'on vînt vous inquiéter. » Donc je considère que je ne dois pas m'immiscer dans leurs combinaisons.

— Savez-vous si elles sont honorables pour votre enfant, les prétentions de cet homme étrange?

— Père John!! s'écria Oakley en bondissant sur ses pieds; je suis incomparablement surpris de vous entendre me faire une telle question!

Comment je sais si cet homme a de bonnes intentions à l'égard de ma fille ?.... En deux ou trois mots je vais vous l'apprendre : Vous souvenez-vous d'une sombre nuit, il y a environ six ans, — Molly n'était qu'une petite fille, alors ; — les Peaux-Rouges arrivèrent sur nous comme une meute enragée et se mirent à nous saccager... Moi, je me jetai tête baissée dans la mêlée ; je faisais mon possible, lorsqu'un grand diable de Sauvage se mit en devoir de m'embrocher avec son long couteau. Ah ! ma foi ! je croyais sincèrement que tout était fini pour le vieux Jack Oakley : à ce moment l'*Homme* arriva comme la foudre, prit l'Indien par le cou, le cloua contre un volet !..,. — C'était plaisir à voir pareil ouvrage ! Oui, sir, ce fut vite et proprement exécuté ! Je ne me considère ni comme un fainéant ni comme un maladroit, et pourtant je serais fort embarrassé d'en faire autant... Seigneur ! ce n'était pas un homme, c'était un éclair ! Quand il eût terminé cette première besogne, il traversa la mêlée comme un boulet, prit la petite Molly dans ses bras, l'embrassa tendrement en l'appelant sa mignonne, puis il la déposa en sûreté, acheva de culbuter les Sauvages et disparut comme une ombre, sans me dire ni qui il était, ni d'où il venait, ni où il allait ; sans seulement me laisser le temps d'ouvrir la bouche pour le remercier.

— Oui, je me souviens que vous m'aviez déjà raconté cette histoire, dit le vieux John.

— C'est vrai ; et ce n'est pas la première ni la dernière fois qu'il a tiré d'affaire les Settlers de la plaine : Ah oui ! il leur a rendu de fameux services : partout où il y a du danger on est sûr de le voir apparaître.

— J'ai entendu parler de ce Quindaro, dit Marshall ; et ce que je connais de son caractère me donne à penser qu'il ne serait pas homme à tromper une innocente fille.

— Non ! de par tous les diables ! je suis de votre avis, capitaine ; j'ai confiance, moi, dans la petite Molly ; elle est dans le droit chemin, je vous le dis. Oui, sir, je vivrais jusqu'au jugement dernier, que je ne changerais pas de sentiment là-dessus : ma vieille femme pense comme moi. Or, je présuppose que les femmes en savent plus long sur cet article que les hommes ; donc je me suis dit : « Jack ! halte-là ! ceci n'est pas de « ta compétence, mon vieux papa. » Et je me suis tenu l'esprit tranquille. La mère a surveillé son enfant, elle a eu l'œil sur elle comme un chat sur une souris. Elle m'a dit que Molly était une brave et bonne fille, suivant toujours le droit chemin comme une flèche bien lancée. Que faut-il de plus? S'ils s'aiment, on les mariera, et tout sera dit. Oui, oui, sir, je réponds de Molly et de Quindaro. Si elle ne m'en a pas dit davantage, c'est parce qu'elle n'en sait pas plus. Ou si elle connaît quelque autre détail, elle respecte le secret de cet homme; elle fait bien.

— Vous avez raison, Mister Oakley, répliqua Marshall, votre jugement vous fait honneur.

— Appelez-moi Jack tout court, s'il vous plaît. Personne, dans tous les environs, ne connaît *Mister Oakley*, pas même ma vieille femme.

— Fort bien, Jack, vous suivez le droit chemin. Je suppose que Quindaro a ses raisons pour rester ainsi mystérieux, je n'y vois rien de suspect. Seulement j'ai cru voir qu'il nourrissait une haine profonde contre les Sauvages.

— Et cependant, dans plusieurs occasions il n'a montré aucun acharnement contre les Indiens. Ainsi, jamais on ne l'a vu maltraiter un Peau-Rouge qui ne commettait aucun acte d'hostilité;

seulement, si un de ces vauriens fait la moindre méchanceté il le corrige cruellement.

— L'avez-vous vu quelquefois ? demanda Marshall au vieux John.

— Oui, en une seule occasion : répliqua l'ermite.

— Décrivez-nous donc sa personne.

— Cela me serait difficile. Oakley le pourrait mieux que moi, lui qui l'a rencontré fréquemment.

— Oh ! oh ! je ne l'ai pas seulement regardé une demi-douzaine de fois. J'ai pris son signalement au vol, comme je le ferais pour un coq de bruyère qui passe.

— Dites toujours ce que vous savez.

— Il est grand et mince, mais élastique comme un roseau. Il porte la chevelure longue, à la manière du père John ; mais elle est noire..., noire, sir, comme la poitrine du corbeau, et ondoyante comme l'eau.

— C'est donc un jeune homme ? demanda Marshall.

— Je pense qu'il a environ trente ans. Mais ce qu'il y a de plus remarquable en lui, ce sont ses yeux. Ah ! sir, les Sauvages en ont peur, bien plus que de sa carabine.

4.

— Qu'ont-ils donc de particulier ?

— Ce qu'ils ont de particulier ! C'est du feu, sir ! deux jets de flamme ! Je veux être pendu, si, dans la nuit dont je viens de parler, ils n'éclairaient pas les ténèbres ! mes regards ont rencontré les siens : ah ! seigneur ! j'ai cru voir une promenade d'éclairs autour de moi. Eh bien ! ses yeux ne sont ainsi que lorsqu'il est au milieu du combat : car au moment où il a pris et embrassé la petite Molly en nous regardant, ma femme et moi, des larmes tremblaient au bord de ses paupières ; plus d'éclairs, plus de flammes ; c'était le regard humide et doux d'une jeune mère.

— Connaissez-vous quelque chose de son histoire ?

— Absolument rien ; si ce n'est qu'il fréquente la plaine.

— Où demeure-t-il ?

— Ceci est encore un secret ; nul ne le sait. Quelque part dans la montagne ; au fond d'une caverne, probablement. Et encore, je ne serais pas étonné qu'il fît comme les oiseaux en se gîtant, à droite, à gauche, là où il est surpris par la nuit.

— Tout cela est singulier et très-intéressant, je l'avoue, observa Marshall ; mais il est temps de faire nos préparatifs pour la nuit. Toutes les fois que je campe, la nuit, surtout en pays dangereux comme celui-ci, j'ai l'habitude de placer des factionnaires en vedette. Nous sommes si peu nombreux, qu'une pareille mesure sera difficile à prendre : croyez-vous utile que nous fassions chacun notre tour de garde, en nous relevant successivement, tout le long de la nuit? demanda-t-il au vieux John.

— Il est certain que ce sera une excellente chose de faire activement le guet, répondit le vieillard ; si nous ne sommes point inquiétés, tant mieux ; mais si l'ennemi nous surprenait hors de garde nous serions perdus : mieux vaut donc veiller.

A ce moment le cheval du lieutenant dressa les oreilles, renifla l'air bruyamment et s'agita d'une façon extraordinaire.

En mille occasions il a été constaté que l'instinct de ces généreux animaux égale l'intelligence subtile du chien, lorsqu'ils ont été habitués à la vie des camps ou de la guerre sauvage. On ne saurait croire l'impassibilité courageuse avec laquelle bien des chevaux se comportent au milieu des batailles. On en a vu brouter l'herbe tranquillement pendant les plus longues et chaudes canonnades, sans avoir l'air seulement de prendre garde aux boulets ou aux volées de mitraille qui passaient en sifflant autour d'eux. Il est même arrivé que des chevaux aient été blessés sans qu'aucun mouvement dénonçât leur souffrance; le cavalier ne s'en apercevait que lorsque la pauvre bête tombait morte.

Un fait de ce genre s'est passé, dans la dernière guerre, à Gettysburg : le cheval d'une batterie fut atteint à l'épaule par une balle Minié; le projectile lui laboura le flanc sur une longueur d'au moins soixante centimètres, et y resta profondément enterré. Pendant tout le temps que cette batterie fut engagée, le brave cheval se tint immobile ; pas un frisson, pas un mouvement ne vint trahir l'atroce douleur qu'il devait éprouver. Ce ne fut qu'après la bataille, et lorsque la batterie fut hors d'engagement, que l'on s'aperçut de sa blessure et que l'on songea à faire un pansage dont le pauvre animal se montra fort reconnaissant. Depuis lors il garda un souvenir intelligent des batailles, et toujours on le vit dresser les oreilles et renifler d'une façon inquiète à l'approche d'un corps d'armée ennemi ; et cela longtemps avant tout engagement.

Cet instinct extraordinaire est développé d'une façon surprenante chez les chevaux élevés dans le désert et accoutumés à la vie sauvage.

Lorsque Marshall remarqua l'inquiétude de son brave Dahlgren, il donna l'alarme.

— Quelqu'un s'approche de nous ; dit-il.

— Les Sauvages ? croyez-vous ? répondit le vieux John.

— Je ne saurais dire si ce sont des amis ou des ennemis, mais je suis certain que quelqu'un se trouve dans notre voisinage.

Cependant le cheval parut se tranquilliser et même au bout de quelques instants il se coucha sur le sol gazonné.

Oakley persista à se déclarer fort peu rassuré. Il fit tout autour du campement une petite exploration ; mais ses regards inquiets ne parvinrent pas à sonder l'obscurité.

Le vieillard et Marshall s'enveloppèrent de leurs couvertures, et, s'étendant par terre sans façon, ils parurent disposés à dormir. Ils avaient pris soin de choisir chacun un abri qui pût les mettre à couvert contre une attaque soudaine.

Mais le sommeil vint-il visiter leurs paupières....? Tous deux avaient le cœur gonflé d'émotions diverses bien capables d'éloigner le repos: Marshall était agité de projets ardents, de vives craintes pour sa femme et son enfant : le vieux John entendait gronder au fond de son âme les orages de la vie qui avaient creusé des sillons sur ses joues et blanchi sa longue chevelure.

Oakley était de faction. Il s'était abrité sous un gros arbre et prêtait au moindre bruit une attention silencieuse. Une fois ou deux il crut entendre un froissement dans les feuilles, un craquement parmi les rameaux desséchés. Toutes ces rumeurs furtives du désert, inintelligibles et inobservées pour le voyageur novice, sont un langage bien compris par le chasseur expérimenté.

Minuit approchait. Marshall avait déjà deux fois invité Oakley à lui céder son poste : mais celui-ci avait toujours obstinément refusé. Le vieillard semblait profondément endormi, quoiqu'il serrât dans une vigoureuse étreinte le canon de son long fusil.

Tout à coup le cheval bondit sur lui-même, coucha ses oreilles en arrière, s'élança en avant, les narines dilatées, et chargea furieusement un être caché dans un buisson voisin. L'aboiement d'un chien se fit entendre, en réponse; mais en même temps cet ennemi invisible prit la fuite.

Le cheval revint tranquillement à sa place.

Marshall et le vieux John s'étaient dressés avec la rapidité de l'éclair.

— Qu'est-ce que cela signifie ? dit le vieillard.

— Qu'en sais-je ? répondit Oakley ; par le diable, mes pensées ne peuvent trouver le droit chemin.

— Mais enfin ! que supposez-vous ? demanda Marshall.

— Ma foi ! Capitaine, je ne puis rien dire, si ce n'est que votre cheval vient de mettre en fuite un chien au lieu d'un Indien. Mais je flaire quelque chose... taisez-vous ! à terre ! couchez vous !

Et au même instant Oakley se jeta sur le sol.

Bien en arriva à ses deux compagnons d'avoir suivi son exemple ; car un sillon de feu éclaira l'espace, et la détonation d'une carabine cingla l'air, à peu de distance.

Marshall fit un mouvement pour s'élancer dans la direction du coup de feu ; John le retint en murmurant à son oreille.

— N'ayez pas peur ; ils ne veulent pas blesser Dahlgren, car ils ambitionnent de s'en rendre maîtres pour leur propre usage. Silence ! ne bougeons pas ! et attendons les événements. Les Sauvages qui nous entourent sont nombreux, sans quoi ils ne se seraient pas hasardés à brûler de la poudre. C'est une ruse de leur part pour connaître nos forces. En attendant le jour, tout ce que nous pourrons faire de mieux c'est de nous tenir cachés et immobiles le plus longtemps que nous pourrons.

Le jeune officier, qui n'écoutait en ce moment qu'une imprudente bravoure, eût bien de la peine à suivre cet avis ; pourtant il se résigna de son mieux et attendit sans faire un mouvement.

La nuit s'écoula avec lenteur. Durant cet intervalle deux ou trois tentatives furent faites pour s'emparer du cheval : mais le noble animal se défendit victorieusement. On entendit aussi, à plusieurs reprises, des chuchottements, des frôlements dans les buissons, des respirations comprimées. Tout cela ne fit pas sortir les voyageurs de leurs cachettes : le conseil du vieux John était excellent ; Marshall ne pût s'empêcher de le reconnaître intérieurement.

Enfin les premières lueurs de l'aurore se montrèrent ; mais on n'aperçut pas une créature humaine.

— Partons, dit Marshall, et continuons notre route.

— Pas maintenant ! répliqua le vieillard ; nous avons encore une rude besogne à faire. Les Sauvages sont cachés tout autour de nous derrière ces rochers ; ils n'attendent que notre apparition pour nous cribler de balles.

— Que faire, alors ? demanda le jeune officier.

— Il faut être plus rusés qu'eux. Vous allez rester ici en embuscade avec Oakley, pendant que j'irai faire une ronde dans les environs pour tâcher de découvrir quelque chose. — Oh ! ne me regardez pas avec tant de surprise ! Je ne suis pas si vieux et si cassé que je ne puisse encore escalader assez lestement les rochers et pratiquer les souplesses de la guerre indienne.

A ces mots, le vieillard prit sa carabine et se perdit dans les défilés de la montagne. Une heure se passa ainsi dans la plus fiévreuse attente : à la fin, des mouvements furtifs se firent entendre dans les ravins environnants, et successivement plusieurs têtes empanachées de sauvages se montrèrent par dessus les buissons. Enfin l'un d'eux se hasarda en pleine clairière. Marshall, tout bouillant d'ardeur, fit feu de son revolver.

Ce fut là une grande imprudence, car l'oreille exercée des Peaux-Rouges reconnut immédiatement la nature de l'arme, et en conclut que la petite caravane était de force minime. Aussitôt les Pawnies firent irruption avec d'affreux hurlements. Le lieutenant déchargea successivement les cinq coups de son arme impuissante ; il ne réussit qu'à blesser trois Indiens. Quatre autres, sans blessures, s'élancèrent sur lui : ils savaient bien que ce n'était pas une fusillade de chasseurs, et méprisaient profondément les soldats réguliers.

Oakley épaula sa bonne carabine, l'Indien le plus proche tomba avec un hurlement de rage. Mais les trois survivants restaient intacts, leurs armes chargées : la partie était encore inégale et la position étrangement dangereuse. La grande difficulté était d'échapper à leur feu et de transformer la bataille en lutte corps à corps.

Au moment où Oakley se concertait à ce sujet avec Marshall, une clameur effrayante se fit entendre derrière les Sauvages ; elle fut suivi d'un coup de feu. L'un des Pawnies tomba raide mort.

Les deux autres se retournèrent pour faire face au nouvel ennemi qui les prenait ainsi à l'improviste; mais, au même instant, la lourde crosse d'une carabine s'abattait avec une violence irrésistible sur la tête de l'un d'eux, et l'étendait par terre comme un bœuf assommé. Puis, avec la rapidité d'un Tigre, le nouveau venu enlaça dans ses bras le dernier sauvage, l'enleva comme un enfant et le brisa contre les rochers, sans qu'il eût pu pousser un cri.

— Quindaro !! s'écria Oakley en reconnaissant le fantastique auxiliaire qui était survenu si à propos.

— Quindaro, à votre service.

Et sans dire un seul mot de plus, cet homme étrange se mit à remonter la montagne avec une agilité inouïe.

— Arrêtez-vous un moment ! Quindaro ! un seul instant ! crièrent ensemble Oakley et Marshall

— Non ! j'ai autre chose à faire encore, répondit-il en disparaissant : nous nous rencontrerons plus tard.

Au bout d'une seconde le bruit de ses pas s'était évanoui.

Bientôt reparut le vieil Ermite, et la route se continua sans autre incident. Arrivés à la rivière Laramie, les trois voyageurs se procurèrent aisément un bateau, et, comme il s'agissait simplement de suivre le fil de l'eau, Marshall et le vieux John arrivèrent au Fort, ou plutôt à ses ruines, avant la tombée de la nuit. Oakley était resté en arrière pour conduire Dahlgren en côtoyant le fleuve : néanmoins il arriva avant que l'obscurité fût complète.

Les Sauvages avaient quitté les environs du fort; quelques soldats s'étaient groupés dans ce dernier refuge. Marshall obtint d'eux un récit confus de ce qui s'était passé ; mais aucun détail ne pût lui être donné sur le sort de sa femme et de son enfant : on ne savait rien à leur égard.

Pour le père, pour l'époux, ce fut une vraie agonie de désespoir. L'incertitude, plus cruelle que la réalité, le mordait au cœur avec ses terribles appréhensions; l'image implacable du vindicatif Pawnie surgisssait comme un fantôme menaçant, au milieu de ce tourbillon de pensées amères. Le malheureux lieutenant se laissa tomber sur le sol et y resta immobile dans un transport de douleur.

La main amie du vieux John le tira doucement de sa mortelle atonie :

— Du courage ! dit-il ; ne vous abandonnez pas à cet abattement stérile, indigne d'un homme de cœur ! Il faut agir, maintenant, et non pleurer. Qui vous dit qu'*elle* n'est pas vivante et implorant votre secours. Voici l'heure de montrer du courage et *de faire* voir que vous savez vous dévouer pour *elle.*

A cet instant arriva un soldat qui pût fournir quelques détails sur ce qui s'était passé ; il indiqua la route prise par Wontum lorsqu'il avait enlevé l'enfant, route suivie par la mère.

Marshall se disposait à se mettre aussitôt en chasse ; mais le détachement de soldats lancés à la poursuite du ravisseur étant revenu après d'infructueuses recherches, le jeune lieutenant renvoya le départ au lendemain pour leur laisser le temps de prendre un peu de repos.

Oakley et le vieillard partirent sans attendre les soldats, aimant mieux agir seuls qu'avec des auxiliaires qu'ils considéraient comme nuisibles, ou au moins profondément inutiles.

CHAPITRE V

POURSUITE. — FUITE DU TIGRE.

Wontum ne s'était point attendu à être poursuivi de si près par la mère. Il avait supposé qu'un grand nombre de soldats quitteraient le Fort pour le rechercher, et qu'alors un assaut pourrait être donné avec toutes les chances possibles de succès.

Cependant il avait songé aussi à attirer dans les bois la mère désolée, et s'était réservé l'espoir de s'en emparer aisément.

Ses espérances étaient dépassées. Le Fort allait tomber sous une nuée d'assaillants : l'heure du triomphe et de la vengeance était arrivée.

Un rayon de joie cruelle illumina son farouche visage lorsqu'il aperçut Manonie s'élançant des remparts et traversant la vallée avec la rapidité d'un oiseau. Sa proie courait vers lui !

Ce fut avec une orgueilleuse inquiétude — aussitôt dissipée — qu'il constata l'agilité de la jeune femme. Les trois années de civilisation qui venaient de s'écouler n'avaient point anéanti ses facultés sauvages : il retrouvait *Cœur-de-Panthère*, l'indomptable fille des bois que n'arrêtaient ni la montagne, ni le fleuve, ni la forêt.

Wontum s'arrêta, moitié pour l'attendre, moitié pour contempler la chûte du Fort. Bientôt la mêlée se ralentit, l'incendie s'alluma, les soldats se dispersèrent, fuyant éperdus dans toutes les directions.

Laramie avait vécu !... Et Manonie approchait !

Le cœur du chef Pawnie se gonflait d'une joie farouche ; ses yeux voyaient flotter dans l'air le spectre de la vengeance, ses oreilles entendaient les cris des victimes !...

Manonie arriva comme une flèche : le petit Harry était assis par terre à côté de l'Indien, pleurant et se désolant : lorsqu'il aperçut sa mère, il vola dans ses bras et se suspendit à son cou. Elle fit aussitôt volte-face et reprit le chemin du Fort, mais Wontum l'arrêta en lui disant :

— Que *Cœur-de-Panthère* prenne du repos.

— Pas auprès de vous, monstre infernal que vous êtes ! s'écria-t-elle.

— Wontum n'est pas un monstre. Il est un grand guerrier ; il tue ses ennemis.

— Et il dérobe les enfants ! Wontum n'est qu'un voleur ignoble !

— Ugh !

— Pourquoi avez-vous enlevé mon fils ? N'est-ce pas là un misérable exploit, indigne d'un grand guerrier ?

— *Cœur-de-Panthère* veut-elle ravoir son enfant ?

— Oh ! oui ! rendez-le moi et je vous serai reconnaissante toute ma vie !

— Qu'elle devienne la femme de Wontum.

— Comment le pourrais-je ? je suis mariée déjà.

— Ugh ! *Cœur-de-Panthère* va venir avec le chef.

— En quel lieu ?

— Aux wigwams du pays des Pawnies. *Cœur-de-Panthère* deviendra la squaw de Wontum, sinon l'enfant sera tué. Allons.

Le Sauvage saisit de nouveau le petit Harry et se dirigea brusquement vers le Fort qui venait d'être pris par les Indiens. Pour traverser la rivière Laramie, il prit un petit canot amarré sur la rive et se dirigea vers le théâtre du carnage.

Manonie, la pauvre mère, s'était attachée à ses pas.

La destruction de la forteresse marchait rapidement : tout ne fut bientôt plus que cendres et ruines : alors les Sauvages s'arrêtèrent satisfaits, et, au commandement de Wontum ils commencèrent à effectuer leur retraite.

Dans le butin se trouvaient plusieurs superbes chevaux d'officiers : Manonie fut placée sur l'un d'eux, Wontum monta sur un autre, portant l'enfant dans ses bras. Il partit sur le champ au grand galop entraînant après lui la malheureuse femme qui, pour ne pas perdre son fils de vue, l'aurait suivi jusque dans les plus affreux précipices.

Le chef Pawnie avait réussi à souhait dans tous ses projets : son plus grand triomphe était d'avoir pu s'emparer de la mère et de l'enfant. Peu lui importait le désespoir du père, car il était peut-être mort ou prisonnier à cette heure, si l'embuscade de la montagne avait réussi. Wontum, en habile stratégiste, n'avait rien oublié. Informé qu'un détachement de soldats avait fait une sortie dans la vallée, et présumant que ce petit corps d'armée reviendrait par les bords de la rivière Platte, Wontum avait dépêché une horde de Pawnies pour intercepter la route, à la hauteur du pic Laramie.

Au point où en étaient les choses, le chef Indien n'avait plus aucun désir de livrer bataille; son unique but était de regagner *Devil's Gate*, parce que dans ces défilés inaccessibles il n'avait plus à craindre l'artillerie des blancs. Les deux très-petites pièces de campagne que possédait la garnison de Laramie étaient l'épouvantail des Sauvages depuis la sévère leçon qu'ils avaient reçue à *South-Pass*.

Manonie marchait dans un morne silence, sachant bien que toute parole serait inutile au milieu de cette troupe ennemie: Évidemment elle était prisonnière; entièrement à la merci de son ravisseur, elle et son petit Harry : quel sort affreux lui réservait l'avenir?... Ce qui augmentait encore l'amertume de ses angoisses, c'était la disparition inexplicable de son mari, et la pensée cruelle que, jamais peut-être, elle ne le reverrait.

Lorsqu'on eut atteint les premières collines du pic Laramie, Wontum fit halte subitement et donna ordre à ses guerriers de l'imiter. Puis il se jeta dans un petit chemin creux, profondément encaissé dans les rochers, et servant de lit à un ruisseau. Dans un pareil défilé, les Sauvages étaient certains de ne laisser aucune trace de leur passage.

A peine y étaient-ils entrés que Manonie entendit à peu de distance des piétinements de chevaux qui lui donnèrent à penser qu'un corps de cavalerie était proche. Peut-être étaient-ce des amis, des sauveurs que le ciel lui envoyait! Peut-être son mari était-il dans les rangs de cette troupe expéditionnaire!

Les Sauvages, pour éviter d'être aperçus se jetèrent par terre, et gardèrent la plus silencieuse immobilité.

Une pensée illumina *Cœur-de-Panthère*... si elle appelait au secours? En même temps elle songea que, dans la bataille qui allait infailliblement s'engager, son fils et elle courraient les plus grands dangers.

Néanmoins elle se disposait à crier : mais, au moment où la troupe régulière fut tout à fait proche, Wontum appuya la pointe de son couteau sur la poitrine du petit garçon, en disant à voix basse :

— Si *Cœur-de-Panthère* fait du bruit, je tue l'enfant.

Manonie frissonna et se renferma dans un douloureux silence. Le piétinement des chevaux, le cliquetis des sabres, les cris et les éclats de rire des cavaliers, venaient frapper ses oreilles!... et elle ne pouvait donner un signal! Des amis étaient là, en force imposante, apportant avec eux le salut. — S'ils eussent soupçonné sa misérable position! — Et elle ne pouvait pas pousser un cri, faire un signe, sans tuer son enfant!...

Les soldats s'éloignèrent lentement, sans rien voir, sans rien deviner. Le cœur de Manonie se glaça et perdit tout espoir ; l'heure de la délivrance n'avait pas sonné.

Au même instant se produisit un incident imprévu : le cheval monté par Wontum se mit à fouiller la terre du pied : puis, il poussa un hennissement auquel répondit celui de Manonie. Le corps de cavalerie fit halte sur le champ, et à la même seconde un énorme chien, après avoir fouillé les buissons, s'enfuit en hurlant vers ses maîtres.

— Ugh ! mauvais ! très-mauvais ! grommela Wontum.

Aussitôt il jeta un regard rapide tout autour de lui, et sans dire une parole il s'élança sur le revers de la montagne avec la vélocité d'un cerf, tenant toujours l'enfant entre ses bras : la mère courut sur ses traces, décidée à mourir plutôt que de perdre de vue son innocent trésor.

Il était temps de fuir ! La détonation d'une pièce d'artillerie fit gronder les échos : une volée de mitraille faucha les buissons en rebondissant sur les rochers avec mille sifflements. Le cheval que Manonie venait de quitter fit quelques bonds convulsifs, poussa **un cri lamentable et** roula mort dans les rochers.

Les Sauvages bondirent hors de leur retraite avec d'atroces hurlements, et engagèrent le combat ; mais un feu de file foudroyant les accueillit d'une façon si terrible, qu'un tiers des Indiens tomba pour ne plus se relever.

Ils avaient affaire à environ cent dragons des États-Unis, bien montés, bien armés, munis chacun d'une carabine et d'une paire de pistolets.

En entendant le hennissement du cheval ils se doutèrent qu'il y avait là, près d'eux, quelque chose de suspect. Sans perdre une minute ils se formèrent en ligne, mirent en batterie deux pièces de six qui formaient leur artillerie de campagne, et firent feu, au jugé, dans les buissons pour en faire sortir les tigres à face humaine qui s'y cachaient.

Le chien que les dragons avaient envoyé en éclaireur était dressé à ce service : ce n'était pas la première fois que le fidèle et intelligent animal se signalait ainsi.

En se voyant assaillis par une nuée de Sauvages, les braves cavaliers furent surpris désagréablement; néanmoins ils ne se déconcertèrent pas et soutinrent intrépidement leur choc. Un second, puis un troisième feu de peloton fut tiré sans produire autant de ravages que le premier; cette fois c'était le tour des pistolets, beaucoup moins meurtriers que les carabines.

Heureusement le canon fonctionna de nouveau et décima les Sauvages. Pour eux, ces formidables détonations étaient la voix terrible d'un tonnerre auquel rien ne pouvait échapper.

Bientôt on en vint à une lutte corps à corps. Les Indiens combattirent avec une rage désespérée ; mais ils ne purent tenir longtemps contre les flamboyants revers des grands sabres. D'ailleurs ils se sentaient tous découragés, n'ayant plus de chef : la voix de Wontum leur manquait, elle qui les avait si souvent excités au combat. Personne ne l'avait vu fuir, on le croyait mort dans la mêlée.

L'engagement ne fut pas long ; en une demi-heure, cent cinquante Sauvages sur deux cents étaient tués ou grièvement blessés : le reste, épouvanté, prenait la fuite et disparaissait au travers des précipices.

Wontum n'avait pas été aperçu par les dragons : l'épaisseur du fourré avait dissimulé sa fuite. Il s'arrêta donc à bonne distance, et attendit tranquillement l'issue de la bataille. Sa fureur, lorsqu'il vit la déroute des siens, serait impossible à décrire : il s'adressa intérieurement les plus amers reproches d'avoir quitté furtivement le théâtre de la lutte ; ses regrets étaient d'autant plus vifs que cette espèce de désertion n'avait point eu la crainte pour motif ; la haine du chef Pawnie contre les blancs exaltait son courage jusqu'à la témérité. Mais sa passion de vengeance personnelle l'avait entraîné trop loin : pour s'assurer de Manonie et de son enfant il s'était sauvé comme un lâche!...

Ces réflexions orageuses faillirent devenir funestes au petit Harry ; la main du Sauvage se leva pour le briser contre les rochers, et si la mère, prompte comme l'éclair, ne se fut interposée, le pauvre innocent était mort.

Il était impossible à la cavalerie de poursuivre les fuyards à travers les rochers, les Dragons se replièrent donc en ordre de bataille, et s'occupèrent de leurs morts et de leurs blessés : ces derniers étaient au nombre de cinquante environ : il n'y avait que quatre tués, les Indiens ayant fait usage seulement du tomahawk et du couteau.

Manonie, le cœur brisé, avait vu s'éloigner sans retour ces amis nombreux dont un seul aurait pu la sauver, et qu'elle n'avait pu avertir ni par un cri, ni même par un geste.

Vainement elle essaya de sonder Wontum sur ses intentions, mais il opposa à toutes ses questions un dédaigneux silence. Quand elle se hasarda à demander des nouvelles de son mari, il lui répondit par un sourire de tigre.

Le voyage recommença : chacun était épuisé de fatigue ; plusieurs Sauvages étaient sans chevaux. Au lieu de descendre dans la vallée, on suivit le flanc escarpé de la montagne, et on arriva, le soir, sur le bord d'une belle petite rivière qui serpentait au pied des collines.

Les débris de la troupe sauvage s'étaient ralliés autour de Wountum et commençaient à reprendre courage : on fit halte, et les préparatifs d'un campement pour la nuit furent commencés.

Le site était complétement solitaire et désert, sans la moindre apparence de route ou même d'une simple piste ; Manonie ne pût s'y reconnaître, elle à qui, pourtant, tous les sentiers de la plaine avaient été familiers. Néanmoins elle reconnut avec satisfaction que le cours d'eau était un des affluents de la Platte... Son active et courageuse imagination se mettait déjà en travail pour préparer une évasion.

Le camp établi, la jeune femme fut placée au centre d'un cercle formé par la troupe sauvage. On lui laissa le petit Harry pour qu'il pût reposer à côté d'elle;

Avant de se livrer au sommeil, Wontum fit avec l'écorce de quelques jeunes arbrisseaux une longue et forte corde avec un bout de laquelle il lia un bras de sa captive ; l'autre bout resta roulé autour de sa ceinture. Cette précaution diabolique devait être d'une funeste efficacité contre toute tentative de fuite.

Ensuite, la bande entière se coucha pour dormir.

Les instants s'écoulèrent, lents comme des siècles, pour Manonie inquiète, avant que la respiration égale et bruyante des dormeurs indiquât que leurs yeux étaient fermés par un vrai sommeil. La pauvre femme avait, plus que personne, ressenti les fatigues de cette triste journée : son enfant s'était immédiatement assoupi d'un profond sommeil entre ses bras : elle se sentait chanceler sous l'invincible étreinte d'un engourdissement général ; ses paupières s'abaissaient comme si elles eussent été de plomb. Il lui fallut toute l'énergie du désespoir pour lutter contre ce nouvel ennemi... le sommeil !

Enfin tout devint immobile autour d'elle ; Wontum lui-même dormait. Le premier soin de Manonie fût de travailler à dénouer la corde qui la retenait : elle y parvint en employant ses dents. Cette première tâche accomplie elle essaya de quitter doucement sa place. Mais au premier mouvement qu'elle fit, Wontum la saisit par le coude avec une telle force, et la serra si brutalement qu'elle ne put retenir une exclamation de douleur. Cependant le Sauvage ne parut point s'éveiller, et, après quelques secondes d'une immobilité pleine d'angoisses, Manonie resta convaincue que le geste du Pawnie avait été simplement fortuit et exécuté en plein sommeil.

Probablement un instinct de bête fauve continuait à veiller en lui, et les nerfs surexcités se crispaient machinalement sur la malheureuse captive au moindre mouvement tenté par elle.

Néanmoins elle n'osa plus bouger et attendit immobile. La respiration du Sauvage devenait bruyante et agitée ; ses lèvres frémissantes laissaient échapper des imprécations sourdes, entremêlées de mots inintelligibles. C'était encore de la fureur, jusques dans les rêves!

Manonie promena ses regards autour d'elle; son oreille attentive sonda les profondeurs du silence. Tout dormait... le moment d'agir était venu.

Un flot de sang bouillonna aux tempes de la pauvre désespérée lorsque ses yeux s'arrêtèrent sur le couteau du chef : à demi sorti de sa ceinture, il brillait d'un reflet sinistre. D'une main ferme et souple elle retira l'arme de son fourreau, puis elle regarda sa pointe aigüe, rouge encore du sang de ce pauvre Blair ! un frisson glacial la pénétra jusqu'à la moelle des os : elle se sentait au milieu d'une atmosphère de mort. Aussitôt elle enveloppa son petit Harry d'un tendre regard : l'enfant dormait paisiblement, illuminé par la clarté douce des étoiles.

Tout était calme dans la nature ; le ruisseau murmurait, les feuillages babillaient, les insectes nocturnes bourdonnaient çà et là ; dans le lointain désert, profond, incommensurable, s'élevaient, s'éteignaient des rumeurs confuses : toutes ces voix de la solitude et de la nuit parlaient de liberté à la triste prisonnière.

Puis ses yeux retombèrent sur le monstre endormi près d'elle, sur l'ennemi implacable qui l'avait faite malheureuse. Le couteau sembla s'agiter dans la main de la jeune femme... N'avait-elle pas le droit d'en faire usage ?... Un seul coup, et la terre était débarrassée !... Mais sa main, sa faible main de femme serait-elle assez ferme pour porter un coup mortel?... Enfin, le ciel approuverait-il un pareil acte?...

L'infortunée leva les yeux au ciel et lui adressa avec ferveur une courte prière.

— Oh! Grand Esprit! murmura-t-elle, inspirez-moi, fortifiez-moi!

Ensuite, se sentant raffermie par le même courage qui jadis anima Judith, elle leva l'arme meurtrière pour l'enfoncer dans la poitrine du Sauvage. A cet instant suprême, un simple mouvement de Wontum changea la face des choses : il lâcha le bras de Manonie qu'il tenait serré depuis quelques instants. La captive devenait libre de ses mouvements ; elle échappait à l'horrible nécessité de faire couler le sang : le couteau s'abaissa sans frapper.

Craignant de perdre une seconde, Manonie se leva doucement et prit son fils entre ses bras. Ses regards se portèrent anxieusement autour d'elle, pour chercher la route à suivre : tout était tranquille et muet. Elle se mit en marche, posant légèrement ses pieds entre les dormeurs. Pendant cette périlleuse et critique entreprise, son cœur battait si fort, que ses pulsations lui semblaient capables d'éveiller les Sauvages qui l'entouraient.

Enfin elle atteignit le bord de la rivière : elle était libre !... Malheureusement le petit Harry se réveilla effrayé et se mit à crier. Il n'en fallait pas tant pour réveiller Wontum ; d'un bond il fut auprès de la fugitive.

La pauvre mère l'avait bien vu au moment même où il se levait; mais il n'était plus temps de fuir ; alors, avec une étonnante présence d'esprit, elle se mit à parler à l'enfant d'une voix assez élevée pour être entendue du Sauvage.

— Mon petit Harry demande à boire? Il va avoir ce qu'il désire : Manonie va lui donner de l'eau.

En même temps elle se pencha vers la rivière, remplit une petite tasse et la présenta à son fils, qui but avec avidité.

— Et maintenant, ajouta-t-elle, Harry va dormir encore, s'il est un gentil petit garçon.

— Où est papa? demanda l'innocente créature.

— Cette question était un coup de poignard dans le cœur de Manonie, mais elle répliqua d'une voix calme :

— N'aie pas peur, mon mignon, nous verrons bientôt papa.

— Demain matin ?...

— Demain matin, peut-être

— Où est ce méchant homme qui m'a emporté de la maison ?

— Chut !

— Ici ! gronda le Sauvage en s'approchant ; ici, le méchant homme.

Alors Wontum ramena sa prisonnière au centre du camp. Tout espoir d'évasion était perdu ; Manonie se résigna à prendre du repos.

Mais avant que le sommeil eut appesanti ses paupières, les échos profonds de la vallée envoyèrent à ses oreilles une sorte de rumeur plaintive et menaçante qui peu à peu devint une voix... Des paroles étranges planaient dans l'atmosphère sombre ;

— *Pourquoi le sang du méchant n'a-t-il pas coulé ?... Pourquoi la mort n'est-elle pas descendue sur lui ?*

Ainsi parlait la voix mystérieuse dont la brise nocturne emporta rapidement les derniers murmures.

Wontum l'entendit et se dressa en sursaut

pour mieux écouter ; mais tout était rentré dans le silence, le sauvage pût croire qu'il avait été le jouet d'une illusion.

Manonie, au contraire, crût reconnaître dans ces sons fugitifs l'accent d'une voix amie descendant du ciel pour la consoler. Elle ne se sentit plus aussi abandonnée, l'espoir revint dans son âme : un sommeil réconfortant vint clore ses paupières, et la nuit égrena une à une ses lentes heures sans qu'aucun incident nouveau se produisit.

CHAPITRE VI

AMIS

Le vieux John et Oakley, après avoir quitté le Fort, ou plutôt ses ruines, s'arrêtèrent pendant quelques instants, sur les bords du Laramie, pour se consulter au sujet de la direction à prendre, et des résolutions à former pour mener à bonne fin leur poursuite.

Oakley avait souvent rencontré Manonie pendant qu'elle demeurait au milieu des Sauvages, il lui avait conservé une paternelle affection.

Le vieux John, non-seulement ne l'avait jamais vue, mais encore, chose singulière, n'avait jamais entendu parler d'elle jusqu'au moment où le lieutenant Marshall était venu implorer son aide et ses bons conseils. Cependant jusqu'à l'époque de son mariage, Manonie avait vécu dans le voisinage du vieillard.

Décidément le vieux John était plus *ermite* encore qu'on ne pouvait le croire.

Les trois amis décidèrent que le meilleur parti à prendre serait de suivre la piste des Sauvages, et que, lorsque Wontum aurait été découvert, l'un des poursuivants resterait pour épier secrètement sa marche ainsi que la manière dont il traiterait sa captive, pendant que les deux autres courraient avertir les troupes régulières.

Oakley était fort adroit à suivre une piste ; après un examen approfondi il jugea que le ravisseur ne marchait point séparé de sa bande, car aucun vestige isolé ne se montrait dans les bois.

Leur départ du Fort avait été si promptement effectué qu'ils n'avaient rien pu savoir de la rencontre entre les dragons et les Sauvages. Leur surprise fut donc grande lorsqu'ils aperçurent les piétinements de la cavalerie qui effaçaient entièrement les traces des Indiens. Sur le premier moment ils pensèrent que la bande Pawnie s'était détournée à l'approche des soldats pour ne pas être aperçue par eux, et pour éviter un engagement.

Après avoir rapidement marché pendant quelques heures, ils se trouvèrent inopinément sur le théâtre du combat. Ce fut pour Oakley un trait de lumière; d'autant mieux qu'en rôdant au travers des broussailles, il découvrit, soigneusement caché sous les branches, le cadavre du cheval que les Indiens avaient emmené du Fort, et qu'une décharge de mitraille avait tué.

Dès ce moment Oakley pût retracer avec une exactitude merveilleuse toutes les péripéties du sort de Manonie. A un chasseur de profession devenu aussi habile qu'un Indien à suivre une piste, il suffit d'un rien pour se maintenir dans la bonne voie : une branche rompue, une feuille déplacée, un brin de mousse froissé sont pour lui des indices clairs et infaillibles.

Ce fut ainsi que Oakley suivit pas à pas Wontum et Manonie, soit sur les rochers, soit sur le gazon, soit sur le sol humide des bois.

— Oh! s'écriait-il de temps en temps, voyez-moi donc les larges empreintes du gros vilain pied de ce Pawnie... Et ces petits mocassins de Manonie! de vraies pattes de biche! légère et forte, malgré son chagrin... courageuse enfant! elle suivait son fils. Ah ! je connais quelque part une carabine qui parle bien, très-bien même, et qui voudrait dire un seul mot à ce Peau-Rouge maudit. Allons, mes amis, courage ! ça va bien.

Lorsqu'ils arrivèrent au campement nocturne des Indiens, toute incertitude se dissipa ; la bande des ravisseurs, sans chercher aucunement à cacher sa piste, avait pris la route qui conduisait directement aux Collines-Noires en suivant le Ruisseau du Daim.

Les choses étant ainsi éclaircies, on fit halte et la question fut agitée pour savoir qui retournerait en arrière afin d'avertir la garnison.

Il y eut discussion d'abord ; car ni Oakley ni le vieux John ne voulaient reculer devant les dangers de la poursuite ; chacun d'eux était emporté en avant par la même ardeur.

— Maintenant, ami John, dit Oakley, il s'agit de bien se comprendre et de ne pas se tromper. Que le bon Dieu vous bénisse ! mais, je crois que vous vous connaissez en diableries indiennes, à peu près autant qu'un baby de deux mois. Vous êtes si *mystique* et si tranquille dans votre petit coin que vous avez sans doute oublié par quel bout on prend un mousquet ; ma foi ! je ne comprendrais pas,

6.

qu'à votre âge, vous fussiez tenté de courir aux méchantes aventures.

Le vieux John se mit à rire avec une bonhomie pleine de malice.

— Je ne suis peut-être pas aussi ignorant que vous le croyez de ce qui concerne les ruses sauvages. Il me semble que je saurais encore passablement suivre une piste et même jeter par terre un Peau-Rouge, s'il le fallait pour une juste cause.

— Bah! vraiment? Très-bien! je suppose que vous en seriez capable. Mais comment connaîtriez-vous leurs malices, vous qui, toujours enfermé dans votre cabane des montagnes, ne faites pas autre chose que lire dans vos livres? C'est comme je vous le dis, John ; vos moyens de science vont aussi loin qu'une éducation par les livres peut mener, mais, à mon avis, le meilleur livre ne dit pas grand chose sur les Indiens. Vous avez peut-être trop peu étudié dans le *grand livre* qui se développe autour de nous.

A ces mots, Oakley montra d'un geste l'imposant paysage de la vallée ; John inclina respectueusement sa tête vénérable.

Au bout de quelques moments il répondit:

— Enfin, Oakley, échangeons un peu notre opinion respective sur les projets du ravisseur Pawnie, et sur les motifs qui l'ont poussé à enlever l'enfant.

— Parfaitement! allez, donnez vos idées ; nous verrons si vous avez jugé droit relativement à cette affaire de la vie des bois.

— Eh bien! il va suivre les Collines Noires jusqu'à ce qu'il ait atteint le Deer Creek.

— Par les cornes d'un moose! c'est mon avis aussi. Allons, parlez encore.

— Ensuite il traversera la vallée, en droite ligne pour gagner les Eaux-Douces.

— Précisément! je pense comme vous. Après!...

— Après...? il ne s'arrêtera pas qu'il n'ait atteint *Devil's Gate*.

— Nous sommes du même avis, mon vieil ami. Continuez votre explication.

— Là, il se considérera comme sauvé, et il le sera en effet, jusqu'à un certain point ; car il est impossible de traîner de l'artillerie dans ces territoires inaccessibles. Les Peaux-Rouges, une fois retranchés dans leurs cavernes, ne fussent-ils qu'une centaine d'hommes, pourraient tenir tête à une armée.

— Vous parlez droit, sir ; je vous écoute toujours. Maintenant je me demande s'il y aurait quelque autre chemin pour arriver jusqu'à eux.

— Je vous comprends. Il faudrait pouvoir les surprendre et les écraser à l'improviste. Ce sera le seul moyen de réussir, s'ils parviennent à atteindre leur refuge.

— S'ils y parviennent?...et comment, tonnerre! calculez-vous qu'on pourrait les en empêcher ; démontrez-moi ça, je vous prie!

— Bien, je vais l'expliquer. De quel nombre pensez-vous que leur bande soit composée ?

— Hum! on ne pourrait pas dire cela au juste. Cependant, comme ils ne s'attendaient pas à être suivis, ils n'ont pas pris soin de marcher à la file indienne, chacun dans les traces de celui qui le précédait : nous allons donc peut-être voir quelque chose.

Oakley examina les alentours pendant quelques minutes.

— J'estime qu'ils sont environ une soixantaine. Maintenant, voyons votre plan.

— Il est bien simple : il consiste à intercepter la marche des Indiens avant qu'ils soient parvenus à Sweet-Water.

— Certes ! mais comment réussir à les intercepter ? que pourrons-nous faire contre soixante hommes.

— Vous ne me comprenez pas. Tout ce que vous pourrez faire, ce sera de retourner au Fort en toute hâte, avertir les militaires, et les amener sur les lieux. Ils ont de la cavalerie, les Indiens n'en ont pas; on pourra atteindre la rivière avant eux.

— Oui ; c'est clair comme bonjour. Mais pourquoi dites-vous que je vais retourner au Fort ?

— Aimeriez-vous mieux que ce fût moi ?

— Oui, oui, père John. Je ne disconviens pas que vous soyez un aussi bon éclaireur que moi ; nonobstant, je suppose que vous êtes trop vieux pour courir dans les bois à la poursuite des Indiens. Si vous allez au Fort, vous aurez la chance d'avoir une monture.

— Ah ! çà ! mais, Oakley, vous êtes pour le moins aussi âgé que moi.

— C'est ce qui reste à savoir : Enfin, je vous le dis, j'ai un tel exercice des courses, des chasses, des batailles, que je suis devenu fort comme un chêne... deux fois plus fort que vous, quoique vous soyez plus gros que moi.

— Vous croyez ça ?

— Un peu, s'il vous plaît ; si vous voulez essayer *une passe* avec le vieux Jack Oakley, venez un peu voir. Vous trouverez votre pareil.

Le vieillard sourit, s'approcha d'Oakley et le saisit vigoureusement. Jack fit trois ou quatre efforts désespérés pour ébranler son adversaire et lui faire perdre pied, mais tout fut inutile ; John resta immobile avec la tranquillité d'un rocher, serrant toujours son homme avec des mains qui semblaient des tenailles d'acier.

Tout-à-coup il le prit aux hanches, le souleva d'un puissant effort, et le fit passer par-dessus sa tête. Oakley alla tomber à quelques pas, lourdement comme une bûche. Il se releva agilement avec une exclamation et saisit l'ermite à pleins bras. Mais celui-ci, avec la promptitude de l'éclair, souleva de nouveau Jack en l'air et l'envoya mesurer le sol avec un bruit effrayant.

Cette fois, maître Oakley se releva lentement sur ses pieds, en se frottant les bras, le cou et la tête ; en même temps il lança un regard empreint d'admiration au vieillard qui était resté debout et souriant.

— Jérusha ! s'écria-t-il enfin ; vous êtes un *rude !* touchez-là, mon homme.

— Eh bien ! croyez-vous que je pourrais me tirer d'affaire avec un Indien ? demanda paisiblement le vieux John.

— Copieusement ! je vous le dis. Oh ! oui, copieusement ! Certes, comme vous y allez ! Mais n'est-ce pas une honte à vous de rester enfermé comme vous l'êtes dans votre cabane, alors que vous devriez courir la montagne, tuant chaque jour votre demi douzaine de Peaux-Rouges !

— Je ne me permettrai jamais de prendre la vie d'un Sauvage sans y être contraint par la nécessité de ma défense personnelle, ou pour le salut d'autrui.

— Mais, puisque nous sommes en guerre, chaque Peau-Rouge est un ennemi.

— J'aurai l'œil sur quiconque se présentera à moi ; à la moindre démonstration hostile, j'agirai en conséquence. Maintenant, dites-moi quel est celui de nous deux qui va retourner au Fort.

— Eh bien ! calculez que ce sera moi. Il n'y a pas un instant à perdre, donc, je pars. Hurrah ! pour le père John, jadis appelé l'ermite, aujourd'hui la terreur des Indiens et le vainqueur de

Jack Oakley. Oui, sir, vous l'avez manié comme une vieille femme manie un balai.

A ces mots il s'éloigna à grands pas dans la direction du Fort.

Il eût bientôt atteint la pente des dernières collines, et se mit à traverser agilement la vallée.

— Par le grand diable rouge! murmurait-il en se frottant les épaules ; ce vieux garçon est nerveux comme un jeune if et fort comme un chêne. Je ne comprends pas qu'il soit si adroit.

— De qui parlez-vous donc? demanda une voix tout proche de lui.

Oakley se détourna en sursaut, et aperçut à deux pas de lui un homme debout sur le bord d'un petit ruisseau.

— Quindaro! s'écria-t-il.

— Oui, lui-même. Que faites-vous par ici, Oakley?

— Ma vieille langue va tout vous dire, répondit celui-ci.

En même temps il se mit à lui raconter toutes les aventures précédemment survenues.

— Et où se trouve Mary? demanda Quindaro.

— Quelle Mary?

— Votre fille.

— Ah! oui; Molly. C'est comme çà que je l'appelle, cette petite fille; cependant c'est malgré la vieille femme qui me répète toujours qu'il faut dire Mary

— Où est-elle?

— En lieu sûr, allez! dans la cabane de l'ermite, avec sa vieille mère.

— La croyez-vous réellement en sûreté?

— Certes! Dieu vous bénisse! Il n'y a pas de ce côté-ci de la Californie, un Peau-Rouge qui ose toucher au vieux John. Mais venez donc par ici, je vais vous dire un secret que vous garderez pour vous seul.

— Qu'est-ce que c'est?

— Ce vieux bonhomme là est plus fort qu'un ours brun. Je l'ai éprouvé il y a peu d'instants!

Parlant ainsi, l'honnête Jack se frotta vigoureusement les épaules.

— Ah! où est-il donc le vieux? demanda Quindaro avec un intérêt soudain.

— Il était par là haut, il y a une demi-heure tout au plus; maintenant, il est parti sur une piste et je ne serais point étonné de lui voir faire quelque rude besogne. Je vais vous dire un autre secret; le vieil ermite est avec nous sur le sentier de guerre contre les Rouges. Ça c'est vrai comme parole d'Évangile; car il l'a dit, et je le sais homme à ne pas mentir. Mais pourquoi n'êtes-vous pas venu voir Molly depuis si longtemps ? Je crois qu'elle prend ça à cœur; elle est devenue pâle et sérieuse, elle ne rit plus; elle n'est plus joyeuse fille comme à l'époque de notre arrivée au Settlement.

— Hélas ! monsieur Oakley, les troubles de ces contrées suffiraient pour enlever son sourire à la nature elle-même, et pour mettre en deuil l'azur du firmament. Pourquoi ne vous ai-je pas visité depuis longtemps ?... parce que j'ai trop d'ouvrage à accomplir ici; parce que, jusqu'à la fin de cette guerre, je me suis voué à une seule et unique tâche. Il est vrai, entièrement vrai, que je porte toujours dans mon cœur l'image de votre fille; mais mon cœur saigne d'une blessure toujours ouverte; le sang en sort avec une telle abondance qu'il obscurcit ma vue pour tout autre objet. Quand ma vengeance sera accomplie, grandement, complètement, alors j'irai vous voir. Mais non auparavant... non, pas avant cette heure.

Quindaro parlait avec une vive émotion.

— Vous m'excuserez, monsieur Quindaro, mais je vois que vous êtes un homme d'éducation et j'ai peur que ma pauvre Molly ne soit pas un parti pour vous. Mais vous ne voudriez pas...

— Oh! je confesse que je suis un vieux fou, et je mériterais qu'on me trépignât sur le nez pour cette question... — Voyez-vous, j'aime ma fille à tel point, que mon vieux cœur se briserait, s'il arrivait quelque chose à mon enfant.

— Bien : que vouliez-vous me demander ?

— Vous ne voudriez pas jouer avec l'amour de ma petite Molly ;..., l'abandonner au désespoir et à la mort ?...

Quindaro bondit sur ses pieds et regarda fixement Oakley sans prononcer une parole.

— Oh! vous n'avez pas besoin de répondre, continua le brave Jack d'une voix émue, je lis votre pensée dans vos yeux. Souffletez-moi pour ma sotte question ! C'est une idée qui m'a traversé la tête. Je vous ai toujours considéré comme un cœur loyal, un homme droit et honorable ; ma pensée sur vous n'a pas changé. Vous m'excuseriez si vous saviez ce que c'est que d'être père,.... et père d'une fille tendre et dévouée.

L'énergique visage de Quindaro fut agité

d'une émotion terrible : il se couvrit la face des deux mains et resta longtemps sans pouvoir parler.

— Non, M. Oakley, dit-il ; non, je ne sais pas ce que c'est que d'être père. Je connais à peine le bonheur d'être fils et frère... Je connais l'angoisse... le deuil... la mort... Oh! nuit horrible! continua-t-il comme répondant à ses propres pensées : nuit de terreurs! Flots de sang! clameurs mourantes des agonisants! Flammes dévorantes! créatures chères que j'aimais! je vous ai vengées déjà; mais elle n'est pas pleine encore, la coupe de la vengeance!

En parlant, cet homme si fort et énergique sentait son cœur se gonfler comme l'Océan par une furieuse tempête; le sang brûlant bouillonnait à ses tempes; une flamme sinistre s'allumait dans ses yeux.

Oakley le regarda avec une émotion mêlée de surprise. Il supposait bien que les Sauvages n'étaient pas étrangers au désastre dont il venait de parler; mais c'était la première fois que Quindaro laissait échapper une parole de nature à jeter quelque lumière sur son existence étrange et mystérieuse.

— Ce sont les Indiens qui vous ont fait tout cela? demanda Oakley après quelques instants de silence : ils sont capables de tout.

— Oui; ce sont ces Pawnies maudits.

— Ils ont massacré vos parents?

— Oui ; père, mère, frères, sœurs ; — tous sont morts, excepté moi.

— Êtes-vous sûr que personne n'ait échappé au carnage?

— Oh oui ! j'en suis sûr. J'ai vu les corps sanglants, étendus sous mes yeux.

— Avez-vous pu les ensevelir, décemment, comme il convient de le faire?

— Hélas non ! à peine ai-je pu m'échapper vivant. Mais quelques jours après, lorsque je suis revenu sur le lieu du désastre, j'ai vu cinq tombes fraîchement découvertes...

— Alors, vous avez suivi les Pawnies ?

— Oui : j'ai constamment rôdé autour d'eux pendant qu'ils fréquentaient les environs du Lac Willow ; depuis qu'ils sont dans les montagnes, je me suis attaché à leurs pas. Je leur ai déjà arraché vie pour vie, depuis longtemps ; mais je ne regarderai ma vengeance comme accomplie et mon œuvre comme terminée, que lorsque cette race infernale aura disparu de dessus terre. Mon nom excite leur terreur, mais ce sera bien pire encore, plus tard, si mes projets d'extermination réussissent.

— Où est votre habitation, Quindaro ?

— Au milieu des rocs de la montagne, dans la vallée, sur la rivière, partout où ma tâche m'appelle. Quindaro est comme l'oiseau sauvage, libre de tous ses mouvements.

— Avez-vous quelquefois rencontré le vieux Père John ?

— Je l'ai aperçu ; mais nous ne nous sommes jamais abordés face à face.

— Quindaro, promettez moi une chose.

— Laquelle ?

— C'est de rendre visite à l'Ermite lorsque vous en aurez l'occasion.

— Pourquoi cela ?

— Je vous le dirai plus tard. Promettez-moi.

— Bien ! ce sera fait suivant votre désir. Pour le moment il faut que je vous quitte ; je vais me mettre sur la piste de cette bande : peut-être pourrai-je être utile à la jeune femme et à l'enfant dont vous m'avez parlé. En même temps je

ferai mon possible pour rencontrer le vieil
Ermite s'il se trouve dans ces parages.

A ces mots Quindaro étendit la main, saisit
celle d'Oakley, la secoua cordialement, et s'éloigna d'un pas agile dans la direction des collines
noires.

Oakley resta immobile à le regarder jusqu'à
ce qu'il l'eût perdu de vue : puis il se mit en
route de son côté en grommelant :

— Je parierais ma vieille chevelure contre un
cuir de Peau-Rouge, que le père John et ce
jeune gaillard pourraient se convenir beaucoup. Ils ont tous deux une histoire funeste et
mystérieuse à se raconter : ils gardent tous deux
une vieille rancune contre les Indiens. — Décidément ils seront très-bien ensemble. — Mais,
que fais-je ici ?... courons vite je n'ai pas une
minute à perdre.

Sur ce propos, maître Jack se remit vivement
en route et continua sa marche avec une telle
activité qu'il arriva sain et sauf, au Fort, avant
la nuit.

Il fut chaudement accueilli par cette vaillante
petite armée, toujours indomptable malgré ses
revers. Chaque soldat était dévoué de cœur et

d'âme à l'*Héroïne du fort Laramie;* chacun se sentait atteint par le terrible événement qui la frappait ; chacun voulut devenir son vengeur.

Par une heureuse coïncidence, un renfort de troupes était arrivé à Laramie ; il se composait de deux cents hommes bien montés, bien armés, venus du Fort Jefferson. Dans de pareilles conditions, il devenait possible de lancer en expédition un détachement considérable sans avoir à craindre de dégarnir les débris de la citadelle.

Les préparatifs de campagne furent bientôt faits. Le lendemain, bien longtemps avant les premières lueurs de l'aurore, deux cent cinquante cavaliers parfaitement équipés, munis de deux pièces d'artillerie, se mirent allègrement en route pour cette expédition mémorable. Une généreuse ardeur faisait battre toutes ces vaillantes poitrines ; on se hâtait pour atteindre au plus tôt le territoire des Eaux-Douces, de façon à devancer les Sauvages.

Oakley marchait devant en guide et en éclaireur, ne laissant pas un buisson sans le fouiller d'outre en outre, pas un défilé sans le sonder du regard.

CHAPITRE VII

UN MESSAGE

Le soleil se leva, brillant, gai, superbe : aux feux de ses rayons naissants les petits ruisseaux faisaient miroiter leurs ondes capricieuses tout en égayant les côteaux de leurs murmures joyeux. Tout respirait la paix, le bonheur, la tranquillité profonde que la bonne mère nature dispense en prodigue à ses enfants du désert.

Mais toujours grondait un noir orage au cœur de Wontum : cet être farouche et vicieux n'avait jamais compris un sentiment doux ou paisible.

Il restait debout sur cette rive enchantée du *Deer Creek*, l'œil menaçant, le front sombre, dardant sur sa victime des regards de serpent.

A chaque coup d'œil la malheureuse mère frissonnait : puis elle serrait contre son sein le petit Harry, ce frêle objet de tant de joies, de tant d'angoisses, de tant de souffrances !

Sans cesse retentissait à son oreille le cri de cette voix mystérieuse et secourable : « *Pourquoi le sang du méchant n'a-t-il pas coulé ? Pourquoi la mort n'est-elle pas descendue sur lui ?* »

Wontum y pensait aussi avec une méfiance inquiète, et ne laissait pas s'écouler une seconde sans promener sur les alentours un regard inquisiteur : on eût dit qu'il soupçonnait la présence secrète d'un ennemi. Son hésitation était visible; il redoutait de continuer sa marche; son instinct sauvage lui faisait pressentir une poursuite ou des embûches cachées.

Manonie eût un mouvement de joie en contemplant la belle vallée qui se déroulait devant elle : après un court examen, elle s'était reconnue ; ce territoire, qu'elle avait souvent parcouru dans sa jeunesse, s'étendait, avec la *Rivière-Douce*, sur un espace de cinquante milles, et offrait à l'œil le plus admirable paysage qu'il soit donné à l'homme de voir. La jeune femme avait l'espérance et le désir de voir Wontum continuer sa course au travers de cette vallée, car dans ce parcours elle avait beaucoup de chances d'être secourue par les nombreux Settlers disséminés dans cette riante contrée. Dans tous les cas, si les Blancs, trop inférieurs en forces, ne pouvaient la délivrer, elle avait au moins l'espoir que son mari serait averti par eux et recevrait les renseignements suffisants pour venir à son aide.

Toute agitée par mille pensées fiévreuses, elle se leva et se mit à se promener lentement sur le bord de la rivière. Le petit Harry avait voulu la suivre, mais Wontum le retint. Alors l'enfant se retourna irrité et lança dans la figure du Sauvage un coup de toutes les forces de son petit poing. Au lieu de s'irriter, le Pawnie eut un demi-sourire et murmura avec une sorte de satisfaction.

— Ugh! bon! Il fera un brave Indien!

Et il passa une main caressante sur la tête du petit garçon. Mais celui-ci, fidèle instinctivement à la cause maternelle, se gardait bien de « fraterniser » avec le ravisseur; il secoua énergiquement sa brune chevelure et se raidit dans les bras du chef.

Manonie s'avança insensiblement jusqu'à ce qu'elle fût arrivée à une trentaine de pas loin de

Sauvages. Wontum, quoique acharné comme un oiseau de proie à surveiller tous ses mouvements, ne prit pas garde à ce qu'elle faisait ; sa petite querelle avec Harry l'avait distrait pour quelques instants.

La jeune femme cherchait curieusement dans les environs, espérant découvrir l'auteur mystérieux de l'avis qu'elle avait reçu dans le cours de la nuit précédente. Tout à coup elle tressaillit ; quelque chose venait de tomber à ses pieds : c'était un petit cailloux roulé dans un bout de papier. Elle le saisit avec l'avidité d'un naufragé qui se cramponne à une corde de salut ; en même temps elle jeta un regard oblique du côté de Wontum pour savoir s'il s'était aperçu de quelque chose ; ce dernier continuait à s'occuper du petit Harry ; depuis quelques instants il ne prenait pas garde à ce que faisait Manonie.

Elle déplia le papier qui portait quelques lignes d'écriture, et lut avidement :

— Espérez ! cette nuit vous serez libre. Votre mari est informé de votre situation, il fait tous ses efforts pour courir à votre aide. Je suis votre ami, je resterai auprès de vous.

Manonie leva les yeux : en face d'elle, à une

trentaine de pas, elle distingua, dans l'ombre d'un arbre creux une paire d'yeux étincelants qui la regardaient d'une façon étrange. Au bout d'une seconde, un jeune homme de haute taille, sortant de sa cachette, se laissa voir un instant, appuya un doigt sur ses lèvres pour recommander le silence, et disparut comme un météore.

Manonie eut peine à retenir un cri de bonheur qui gonflait sa poitrine : son premier mouvement fut de s'élancer vers l'inconnu. Un instant de réflexion la calma : elle comprima son émotion, et revint à l'endroit où Wontum était assis avec le petit Harry. Toute tremblante, elle serra avec une sorte d'emportement maternel son cher enfant sur son sein, comme si elle eût voulu le disputer à l'univers entier. Wontum ne fit pas attention à cette exaltation fébrile qu'il considérait comme une infirmité féminine.

Le mystérieux allié qui venait de se révéler lui était complètement étranger ; elle ne se souvenait point de l'avoir jamais vu. Pourtant elle se sentait agitée d'une émotion inconcevable... chose facile à comprendre : son cœur battait à se rompre lorsqu'elle songeait que le bonheur, la liberté, la vie étaient proches et que quelques heures seulement la séparaient de la délivrance!

Au milieu de ces pensées tumultueuses vint se mêler tout à coup un sentiment de crainte : sans doute il y aurait quelque nouvelle bataille, où son mari courrait risque d'être tué. En effet, ses ravisseurs formaient une bande d'au moins quatre-vingt guerriers valides et courageux ; comment viendrait-on à bout de cette horde féroce alors qu'un *seul* allié s'était présenté pour la pauvre captive ?...

Sans soupçonner les tempêtes de crainte, d'espoir, de découragement qui se disputaient l'esprit de leur prisonnière, les Sauvages levèrent leur camp et se préparèrent à continuer leur route. Au grand chagrin de Manonie, ils se disposèrent à quitter la vallée et s'enfoncèrent dans la montagne : bientôt leur caravane fut perdue au milieu d'un océan de vallées, du fond desquelles on distinguait difficilement la plaine par quelques échappées lointaines.

Cette journée fut rude pour Manonie : épuisée par les fatigues des courses précédentes, elle fut forcée de se reposer fréquemment. La marche des Sauvages en fut considérablement retardée; ils perdirent ainsi leur avance, ce qui les contraria d'une manière sensible. Bientôt leur mécontentement se trahit par des coups-d'œil irrités et des propos menaçants : Manonie les comprenait parfaitement, car elle n'avait point oublié l'idiôme Pawnie qui lui avait été familier durant sa jeunesse.

Une querelle ouverte ne tarda point à s'engager. Un des Sauvages reprocha avec aigreur à Wontum d'avoir engagé cette expédition dans un intérêt tout personnel, uniquement pour s'emparer de la squaw Face-Pâle, et de les avoir poussés à une bataille qui leur coûtait plus de cent hommes.

Le même orateur, s'adressant à ses autres compagnons, leur proposa de mettre à mort la femme blanche, pour terminer toute discussion à son sujet. — « Mieux vaut, dit-il, emporter son « scalp que de laisser nos chevelures sur un « nouveau champ de combat ; elle ne sera jamais « des nôtres, elle sera toujours une source de « discorde. »

On agita ensuite la question relative au sort de l'enfant.

— Qu'il vive, continua l'orateur ; il est si jeune qu'il oubliera sans doute ses parents, et pourra devenir un guerrier utile à la tribu. Quoique dans un âge tendre, il a fait preuve de courage; il sera peut-être un jour fameux sur le sentier de guerre.

La pauvre Manonie suivait cette discussion avec un intérêt anxieux qu'il est facile d'imaginer. A tout instant ses regards inquiets sondaient furtivement les environs pour tâcher de découvrir son mystérieux protecteur; mais il restait invisible comme s'il eut fait partie du monde des esprits.

Après avoir longuement discuté, les Sauvages prirent une résolution, qui, en lui laissant quelque répit, permettait à Manonie d'espérer encore. Ils décidèrent que, malgré son mariage avec un blanc, ils n'avaient pas le droit de la mettre à mort sans avoir consulté le grand chef de la tribu à laquelle la jeune femme avait appartenu, et sans avoir obtenu son assentiment. On la conduisait donc devant Nemona pour qu'il fut le juge suprême de son sort.

Le soleil allait disparaître de l'horizon lorsque Wontum donna le signal de faire halte pour procéder aux préparatifs de campement. La troupe sauvage s'installa en un grand cercle comme la nuit précédente. Au centre, on ébrancha deux jeunes sapins proches l'un de l'autre, on les lia par leurs cimes de façon à ce qu'ils formâssent la charpente d'un wigwam; ensuite ils furent couverts de branches, de feuilles, de fougères et de mousses; ainsi arrangée cette tente offrait à Manonie un abri chaud et confortable

Ce ne fut pas sans une curiosité inquiète que la jeune femme suivit de l'œil tous ces préparatifs. Mais elle ne s'en approcha pas; assise sur une roche élevée d'où sa vue pouvait dominer la plaine, elle regardait avec tristesse ce désert dont les limites allaient se confondre avec l'horizon, et qui dormait du sommeil profond de la solitude. A tout instant elle espérait voir surgir de quelque ravin une troupe armée; elle tendait l'oreille au moindre bruit, pensant que le pas des chevaux se ferait entendre sur les cailloux roulants de la montagne.....

Vain espoir! efforts inutiles! Les torrents lointains faisaient seuls entendre leurs sourds grondements; les cimes d'arbustes seules, ondoyant au vent, apparaissaient seules entre les interstices des rochers noirs; et si quelque pas furtif troublait le morne silence, c'était celui du loup des prairies en route pour chercher pâture.

Au moment où elle s'y attendait le moins, Wontum vint la trouver et s'assit à côté d'elle sur le gazon. Il la regarda longtemps avec une fixité étrange ; son visage avait une expression indéfinissable dont Manonie ne put s'expliquer la signification.

Enfin il lui adressa la parole en langage Pawnie entrecoupé de mauvais anglais :

— *Cœur-de-Panthère* a voulu me tuer cette nuit !

Manonie tressaillit ; elle était bien loin de se douter que le Sauvage soupçonnât seulement ses pensées de la nuit précédente. Il ne l'avait assurément pas vue levant le couteau sur lui, le tenant suspendu sur sa poitrine, le replaçant ensuite à sa ceinture sans avoir frappé. Wontum dormait, rêvait même à cet instant ; comment donc avait-il pu surprendre le secret que Manonie et l'*ombre* seules connaissaient ?

Une vive rougeur monta aux joues de la jeune femme à cette question inattendue : c'était pour l'Indien une réponse suffisante.

— Pourquoi voulez-vous tuer Wontum ? demanda-t-il.

Manonie comprit qu'une dénégation serait inutile.

— Je n'aurais voulu vous tuer que si cela eût été nécessaire pour assurer ma liberté.

— Vous avez donc eu l'intention de me faire mourir?

— Oui.

— Pourquoi n'avez-vous pas exécuté votre projet?

— Parce que, au moment où j'allais frapper, vous avez lâché ma main que vous reteniez pendant votre sommeil; à ce moment j'espérais pouvoir fuir sans être forcée de commettre un meurtre. Mais comment avez-vous su tout cela?

Wontum lui montra son couteau :

Vous avez tiré ceci, dit-il, mais vous n'avez pas pris garde, en le remettant dans ma ceinture, que vous le placiez dans mon sac à balles. Pourquoi vouliez-vous fuir loin de moi?

— Pour revenir auprès de mon mari; vous ne pouvez en douter.

— Très-bien ! mais Wontum ne remettra jamais l'enfant en liberté.

Manonie eût un grondement de douleur maternelle : le Sauvage continua :

— Et de plus, je ferai votre mari prisonnier; je le brûlerai. Consentez à devenir ma squaw, et je ne le brûlerai pas. Wontum veut *Cœur-de-Panthère* pour squaw; il l'aura, ou malheur au mari.

— Mon mari mourra alors, répondit Manonie avec fermeté, car je ne serai jamais votre squaw. Mais il n'est pas en votre pouvoir, mon bien-aimé Henry; il ne succombera pas sous vos coups. Prenez garde vous-même; et, si vous voulez avoir la vie sauve vous ferez bien de me rendre la liberté, car la vengeance de mon mari sera sûre et terrible.

— Ugh! Wontum n'a pas peur d'un soldat Face-Pâle! Ces hommes-là sont de pauvres guerriers. Qu'il vienne, l'officier! je serai content de l'emmener avec moi à *Devil's Gate*.

A ce moment l'œil toujours vigilant de Manonie crut apercevoir derrière les rochers quelque chose comme l'ombre d'un homme : Elle ne fit qu'entrevoir cette apparition qui s'évanouit sur le champ, comme une vision fugitive. Malgré sa vive émotion, elle eut la présence d'esprit de détourner les yeux afin de ne pas attirer sur ce point l'attention du Sauvage : Néanmoins un sourire d'espoir erra sur ses lèvres et fut remarqué par Wontum.

— Cœur-de-Panthère pense à quelque chose d'agréable? demanda-t-il.

— Je songeais à mes amis et à la terrible revanche qu'ils vont prendre sur vous.

— Ugh! *Cœur-de-Panthère* les attend cette nuit?

Un sourire significatif resta empreint sur la face rusée du Pawnie; Manonie trembla un instant qu'il n'eût démêlé le secret du mystérieux étranger: mais quelques secondes de réflexion la rassurèrent, elle répondit courageusement :

— Oui! je suis certaine de revoir bientôt mes amis. Je m'échapperai à la première occasion; soyez en sûr!

— Wontum sait a quoi s'en tenir là-dessus; mais il prend soin de ses prisonniers. Demain, dans la soirée, nous serons au village des Pawnies. Alors Cœur-de-Panthère sera la femme ou l'esclave du chef: elle choisira!

— Vous n'irez pas si loin sans être attaqué.

— Je ne crains rien. Sans quitter les montagnes, je regagnerai nos cavernes par les défilés d'Indépendance-Rock. Vos soldats sont tous à cheval; ils ne pourront nous atteindre tant que nous serons dans les rochers. S'ils entreprennent de traverser Devil's Gate, ils sont perdus. Vous le voyez, il n'y a pour vous aucune espérance d'évasion : le parti le plus sage sera donc de vous résigner à votre sort.

Wontum lui montra ensuite la tente improvisée, et continua en idiôme Pawnie.

— Vous allez reposer là-dedans cette nuit. Mais pour vous empêcher de faire quelque sottise, je vais vous lier les mains et les pieds.

Manonie ne répondit rien, et la conversation en resta là. Lorsque la soirée fut plus avancée, Wontum attacha les deux poignets de Manonie avec une corde solide :

— La nuit dernière, dit-il, vous avez fait usage de vos dents ; je vais prendre mes précautions à ce sujet.

En même temps il fit asseoir sa victime par terre, le dos appuyé contre une grosse pierre, lui passa sous le cou une branche longue et flexible qu'il enroula des deux bouts sur l'un des sapins soutenant le wigwam, et lui rendit ainsi impossible tout mouvement de la tête. Une autre corde lui serrait les pieds et revenait se nouer aux poignets qu'elle maintenait arrêtés contre le corps.

A moins d'être délivrée par une main secourable, la pauvre captive devait passer les longues heures de la nuit dans une cruelle immobilité. Elle ne dit pas un mot, ne proféra pas une plainte. En apportant auprès d'elle le petit Harry, Wontum ne pût s'empêcher de lui accorder un regard d'admiration.

Tous ces préparatifs accomplis, le Pawnie se coucha sur le sol, directement en face de l'entrée, et resta longtemps immobile mais éveillé, comme une bête fauve à l'affût.

Cependant, lorsqu'arrivèrent les premières heures matinales après minuit, sa tête s'inclina sur le gazon, ses poings fermés s'entr'ouvrirent; il s'endormit d'un sommeil d'autant plus profond qu'il avait lutté davantage.

Il était impossible à Manonie de faire un mouvement. Elle aurait bien voulu écarter un peu les branches de sa tente pour apercevoir ce qui se passait dans la campagne. S'apercevant que son petit garçon était éveillé, elle l'appela avec un sourire, et lui demanda, bien bas, de pratiquer une ouverture dans les feuillages.

L'enfant obéit avec une adresse et une précaution au-dessus de son âge. Alors Manonic pût voir au dehors par cette éclaircie : sa vue, il est vrai, ne pouvait se porter que dans une seule direction, mais c'était déjà quelque chose.

La nuit était splendide : les clartés d'une lune resplendissante étaient adoucies plutôt qu'obscurcies par les flocons légers de blancs nuages qui erraient lentement dans l'azur. Les gigantesques silhouettes de ces voyageurs aériens revêtaient tour à tour les formes les plus fantastiques ; ici c'était un chêne au feuillage touffu, là, un palais, plus loin un volcan au cratère de feu ; puis c'était un géant armé, un dragon fantastique, un lion couché, une panthère bondissante : et toutes ces images mouvantes, confuses, entrelacées, changeant de forme à chaque seconde, se balançaient au clair de lune comme un essaim capricieux de puissances surnaturelles mises en gaîté par cette belle nuit.

Au milieu de ces fantômes insaisissables, l'œil fasciné de la captive croyait parfois démêler la haute stature de son ami inconnu surgissant du fond de quelque ravin... mais un rayon glacé immobilisait soudain la forme entrevue et la changeait en roc, en sapin, en bosquet, en tronc d'arbre ; et, avec l'illusion s'évanouissait l'espérance.

Ah! ciel! qu'est-ce que cela? Les prunelles noires de la jeune femme sondent ardemment l'espace! Est-ce une erreur, un rêve, encore? Là, tout près, un corps sombre se détache d'un noir rocher ;... une tête intelligente épie à la hâte les alentours;... on s'avance,... on rampe,... on s'approche!

Manonie eût un affreux battement de cœur ; l'espérance rentrait si violemment dans sa pauvre âme qu'elle en était déchirée comme par une blessure. Il arrivait enfin, cet ami! L'heure de la délivrance allait sonner !

Effectivement c'était un homme : il s'avança avec une merveilleuse souplesse près des avant-gardes des Sauvages. Manonie le vit s'incliner sur le corps sombre de l'un des dormeurs ; elle crut qu'une lutte allait s'engager. Mais non ; un point lumineux parut et disparut sur la poitrine de l'Indien; celui-ci leva convulsivement les bras ; ils retombèrent inertes et morts ; l'agonie avait été foudroyante et muette.

Alors le vainqueur prit dans ses mains robustes

le cadavre du Pawnie et disparut en l'emportant derrière un rocher.

Le regard inquiet de Manonie ne le perdit pas longtemps de vue : bientôt il reparut en pleine lumière ; à ce moment il s'était transformé en Indien. Il se remit à ramper silencieusement.

La jeune femme le vit se glisser, avec la souplesse d'un serpent, au milieu des Sauvages qui entravaient sa route ; il approchait lentement, mais sûrement du wigwam. Quand il fut tout proche, le corps de Wontum l'obligea à se détourner ; pendant quelques secondes, longues comme des siècles, Manonie ne vit et n'entendit rien

Tout-à-coup, derrière elle, le feuillage murmura imperceptiblement.

L'homme était arrivé.

Il se glissa par l'ouverture qu'il venait de pratiquer, posa sa main sur l'épaule de la captive et l'attira à lui. Les liens la retenaient : il s'en aperçut bien vite, les trancha silencieusement, puis, d'une voix plus basse qu'un souffle, il lui dit :

— Donnez-moi l'enfant !

— Qui êtes-vous ? demanda Manonie.

— Un ami. Donnez l'enfant et suivez-moi.

A l'instant même où elle soulevait le petit

Harry de sa couche de feuilles, Wontum se souleva sur son coude et fit osciller sur ses épaules sa tête alourdie par le sommeil.

Manonie resta sans respiration, les bras tendus, le sang lui battant les tempes... Wontum retomba sur le gazon en murmurant quelques paroles inintelligibles et redevint immobile.

Après quelques minutes d'une mortelle attente Manonie souleva l'enfant et le remit à l'étranger, puis elle le suivit en rampant comme lui au milieu des Sauvages, menaçants jusque dans leur sommeil.

Dire les transes cruelles de la fugitive pendant ce périlleux trajet serait impossible ; la vie était suspendue en elle à la pensée qu'à chaque seconde le vol d'un moucheron, le froissement d'un brin d'herbe, le reflet d'un rayon de lune pouvaient éveiller l'ennemi et la perdre ainsi que son enfant et son généreux sauveur.

Enfin la redoutable enceinte fut franchie ; aussitôt l'homme se redressa et se mit à marcher rapidement : Manonie le suivit à pas précipités. On marcha ainsi pendant une heure, dans le plus profond silence. Bientôt il devint évident que leur fuite n'était pas découverte et qu'ils n'étaient pas poursuivis. Alors Manonie se hasarda à parler :

— Comment pourrai-je jamais reconnaître votre généreux dévouement pour moi? dit-elle à son sauveur, d'une voix tremblante de reconnaissance et d'émotion.

— J'ai fait peu de chose, répondit l'inconnu simplement mais avec bonté.

— Ah! sir! vous auriez été impitoyablement massacré par les Sauvages s'ils vous avaient aperçu!

— C'est possible. Mais j'ai souvent déjà couru les mêmes risques pour de moins bonnes causes. Au fait, qu'est-ce que la vie pour moi?... et que puis-je craindre en la risquant?

— La vie est une douce chose pour moi, sir; elle m'est précieuse et chère. Je voudrais que pour tous elle fut aussi heureuse que pour moi!

— Madame, je suis bien aise d'avoir pu vous rendre ce service, et de pouvoir ramener à votre mari vous et votre enfant.

— Pourrais-je savoir qui est celui à qui je dois tant de reconnaissance?

— Pardonnez-moi de vous répondre brièvement à cet égard. Nous ne nous sommes jamais rencontrés jusqu'à ce jour. Je ne suis qu'un simple chasseur ; le hasard m'ayant appris que ces coquins vous avaient faite captive, je me suis déterminé à vous suivre pour vous secourir s'il était possible. Maintenant nous sommes sauvés, je pense.

— Mais, si je ne me trompe, au lieu de nous diriger vers le Fort, nous lui tournons le dos ?

— Oui.

— Vous avez certainement de bonnes raisons pour prendre cette direction ; puis-je vous demander quelle est votre pensée.

— Oui sans doute. Les Sauvages découvriront notre fuite très-promptement, au plus tard, demain matin. Naturellement ils supposeront que nous avons pris la route de la vallée pour nous rendre au Fort. Mais, ne vous y trompez pas, ils auront bientôt démêlé nos traces et ne tarderont point à reconnaître leur vraie direction. Ils s'apercevront aussi que vous avez été aidée par quelqu'un.

— Comment croyez-vous qu'ils sauront cela ?

— D'abord ils n'ignorent pas qu'il vous était impossible de vous délier seule. En second lieu, ils découvriront bientôt le corps de l'Indien que j'ai laissé derrière un rocher.

8.

— En effet, j'ai vu comme un fantôme sortir de l'ombre ; puis un Sauvage s'est débattu convulsivement.

— C'était moi que vous avez aperçu : c'était moi aussi qui vous ai lancé un billet, hier matin, pour vous avertir que j'étais proche.

— Je l'ai supposé. Mais vous n'êtes donc pas un Indien, quoique vous en portiez le costume ?

— Non. Prévoyant le cas où un Sauvage viendrait à se réveiller sur mon passage, j'avais songé à me procurer un de leurs costumes ; car j'étais sûr de cheminer ainsi au milieu d'eux sans être remarqué : j'eusse même été avec vous, qu'ils n'auraient fait aucune attention, me prenant pour Wontum. Pour me procurer le vêtement nécessaire, je ne pouvais le prendre que sur le dos d'un Indien : le moyen était facile ; je me suis approché sans bruit du coquin le plus proche et tout en lui serrant convulsivement la gorge, je lui ai planté mon couteau dans le cœur. Vous avez vu ;... ce n'a pas été long. Tout allait pour le mieux ; aussitôt mon homme mort je l'ai porté derrière un rocher ; là, j'ai changé de toilette avec lui.

— Était-ce votre voix qui a prononcé mystérieusement ces paroles : « Pourquoi le sang n'a-t-il pas coulé?... »

— Oui.

— Où allons-nous maintenant?

— Je vous conduit à la cabane du vieux John qu'on appelle l'Ermite.

— En quel lieu?

— Au confluent des rivières Swet-Water et Platte.

— Pensez-vous que, là, je serai en sûreté jusqu'à ce que mon mari ait été averti et vienne me rejoindre?

— Peut-être y sera-t-il arrivé avant nous. Son intention était de se mettre en campagne avec un fort détachement sur les rives de Swet-Water, afin d'intercepter le passage à la bande qui vous avait capturée.

— Ainsi donc mon mari sait maintenant quel a été mon sort?

— Oui ; il se hâte de toutes ses forces pour vous venger et châtier sévèrement toute cette canaille sanguinaire qui vous a si fort maltraitée. — N'auriez-vous pas besoin de vous reposer un instant?

— Oh non! la perspective de revoir mon bien-aimé Henry éloigne de moi toute lassitude. Hâtons le pas, au contraire ; je crains que ces horribles persécuteurs viennent à retrouver notre trace et se mettent à notre poursuite. Ce serait la mort s'ils nous rejoignaient dans cette solitude !

Les deux fugitifs continuèrent en silence leur course rapide ; l'inconnu portant toujours avec tendresse l'enfant dans ses bras. Le soleil apparaissait à l'horizon lorsqu'ils arrivèrent aux dernières déclivités de la montagne : à peu de distance ils rencontrèrent une petite cabane.

— C'est là que demeure l'Ermite, dit l'inconnu ; ici vous serez en sûreté ; vous pouvez entrer avant moi.

Manonie pénétra dans l'humble chaumière, tenant le petit Harry par la main : à peine la porte fut-elle ouverte, que la jeune femme se trouva en pays de connaissance. Mary Oakley et sa mère la reçurent avec les démonstrations du plus vif intérêt et la comblèrent de caresses.

A l'apparition de son guide elles éprouvèrent un tressaillement de terreur, causé par son apparence Indienne.

Mais la crainte dura peu ; un éclair de joie étincela dans les yeux de Mary : elle s'élança vers le nouveau venu et prit ses mains avec un transport de joie.

— Quindaro! bien cher! Est-ce vous? oh! que je suis heureuse! s'écria-t-elle d'une voix tremblante.

En effet, c'était cet homme étrange qui avait arraché Manonie à un sort affreux.

CHAPITRE VIII

PARADIS PERDU

Mary Oakley et son ami Quindaro ne s'étaient pas rencontrés depuis plusieurs mois ; ils avaient donc beaucoup de choses à se dire — beaucoup de ces importantes futilités qui encombrent le répertoire des amoureux.

On aurait eu peine à croire que cet homme au caractère de bronze, à l'âme pleine de sombres pensées, toujours rêvant la vengeance, toujours familier avec le sang et les combats, pût s'amollir le cœur à parler de douces choses, si toutefois il avait un cœur capable d'aimer.

On se serait trompé : Quindaro devenait bon, doux, simple comme un enfant, lorsqu'un reflet de l'heureuse vie de la famille venait illuminer la nuit de ses souvenirs.

Ce fut donc avec une juvénile allégresse qu'il retint dans ses mains les petits doigts de Mary, et qu'il engagea avec elle un joyeux babil.

Pour arriver à la bienheureuse cabane où elle espérait retrouver son mari, la pauvre Manonie avait épuisé ses forces. Une fois en sûreté, elle se sentit anéantie et retomba presque sans connaissance. On se hâta de lui préparer un bon lit de bruyères et de mousse, dans lequel elle s'endormit aussitôt d'un profond sommeil, ayant à ses côtés le petit Harry.

Quindaro et Mary s'étaient assis au pied d'un grand chêne, sur le vert gazon, au bord de la rivière murmurante. Le jeune homme venait de raconter les péripéties au milieu desquelles s'était accomplie la délivrance de Manonie; puis, il avait narré ses propres aventures depuis plusieurs mois.

— Cher Walter! — j'aime mieux vous appeler ainsi, ce nom est plus doux à mes lèvres, plus harmonieux à mes oreilles ; murmurait la jeune fille en ouvrant tout grand ses yeux bleus, pleins d'une tendre admiration.

— Appelez moi Walter, ma bien-aimée, si cela vous fait plaisir. Je n'ai jamais entendu résonner ce nom de Quindaro qu'au milieu du carnage et des combats, il est un signal de mort. Moi aussi j'aime à écouter l'autre nom, le nom de ma jeune enfance. Il n'y a plus une créature vivante qui me l'ait répété depuis que ma famille a été anéantie : aussi, lorsque votre voix si douce le murmure à mon oreille, un frisson de bonheur me rafraîchit l'âme, en me ramenant aux beaux jours évanouis. Oh, Mary ! que je voudrais voir ma mission accomplie, mes vengeances satisfaites, ma tâche terminée ! Ce serait une nouvelle vie pour moi de fuir ces terribles scènes d'extermination où mon sang bouillonne, où mes forces s'usent, et de trouver dans quelque solitude paisible, une existence bénie, adorée, auprès de vous.

— Ne pouvez-vous donc satisfaire immédiatement ce désir, cher Walter ? Laissez, laissez à d'autres mains cet horrible labeur, vous qui étiez né pour le repos et la paix !

— Je ne le puis encore. Il y en a *un* encore qui doit disparaître de la terre des vivants ; ensuite je quitterai cette vie cruelle et impie à laquelle m'a condamné jusqu'à ce jour mon misérable sort.

— Quelle est cette dernière victime?

— Wontum. Depuis deux jours j'ai eu cent occasions de le tuer, ce monstre! mais la pauvre femme et son enfant l'ont sauvé.

— Comment cela?

— Elle était sa prisonnière : je voulais la délivrer. Si j'avais fait feu sur ce chien sauvage, toute sa bande se serait aperçue de ma présence; je n'aurai plus rien pu faire pour elle; on l'aurait hachée sur place à coups de tomahawk. J'ai donc mis de côté ma vengeance, pour sauver la captive. — Oh! la nuit dernière, quand j'ai pénétré dans le wigwam où elle était chargée de liens, je me suis penché sur le Pawnie, mon couteau est sorti tout seul de son fourreau, le cœur de l'ennemi l'attirait! Mais je me suis retenu ; il fallait délivrer la mère et l'enfant. Un geste, un souffle, pouvaient donner l'alarme, la bande se levait comme un tourbillon, tout était perdu. J'en aurais tué beaucoup après lui, cela est certain ; mais le nombre aurait fini par triompher. Pour le salut de Manonie, pour celui de son pauvre petit enfant, pour le bonheur de l'époux et du père qui aime si tendrement ces deux chères créatures, j'ai consenti à épargner cette bête fauve. D'ailleurs, je ne veux pas le tuer endormi, ce Wontum : je veux, qu'avant sa mort, mon regard le glace d'effroi, je veux qu'il sache quel est CELUI qui a si longtemps poursuivi lui et sa tribu, semant parmi eux la terreur!

— Mais qui donc êtes-vous? Dites-le moi, Walter, je vous en prie. Expliquez-moi pourquoi vous avez si souvent levé sur les Pawnies des mains ensanglantées. Sans doute, vous exerciez une juste vengeance, je le crois ; cependant j'ose vous demander le motif... le secret redoutable que vous gardez au fond du cœur... le moment n'est-il pas venu, ami bien cher, de vous confier à moi ?

— Bientôt, oui bientôt; avant notre mariage, vous saurez tout. Pour le moment, je vous en conjure, contentez-vous de ce qu'il m'est permis de vous dire ; et fiez-vous à ma loyauté et à mon amour pour vous, chère Mary.

Ils demeurèrent tous deux, pendant quelques instants, plongés dans leurs réflexions silencieuses. Mary poussa un profond soupir, après avoir promené un long regard sur l'admirable paysage qui les entourait; puis elle dit d'un ton mélancolique :

— Walter, il me semble que je n'aimerais point à demeurer dans ce qu'on appelle le *monde civilisé*.

— Vous préféreriez donc rester exposée aux dangers que nous courons sans cesse dans ces régions inhospitalières ?

— Mon ami, je ne suis pas assez aveugle pour ignorer que vous êtes bien supérieur à moi. Quelquefois il me vient en pensée que si vous aviez quelque autre personne à aimer, votre affection ne serait point arrêtée sur moi. Il me vient aussi en pensée que si nous allions vivre dans ce *Grand Monde* que vous m'avez si souvent dépeint, vous y deviendriez l'idole de tous, et alors vous oublieriez la pauvre Mary Oakley, la pauvre fille sans éducation... Oui, je voudrais vivre et mourir dans cette solitude ignorée, car ici vous m'appartiendrez tout entier, vous qui serez ma seule joie ;... et au milieu de la foule civilisée, il n'en serait pas ainsi, car de nombreux amis se disputeraient votre attention. Je suis sotte et folle de parler ainsi, mais un seul de vos regards détourné de moi me ferait au cœur une blessure que rien ne pourrait guérir.

Walter regarda un moment la jeune fille avec une tendresse grave et mélancolique :

— Mary, bonne et chère créature, dit-il enfin, est-ce que l'esprit de la jalousie vous aurait effleuré de son aile ?

— Je ne sais ce que vous voulez dire, mon ami ; est-ce que mes pensées sont répréhensibles ?

— Savez-vous ce que signifie ce mot, *jalousie ?*

— Pas très-bien.

— *Jalousie,* sous-entend *suspicion ;* or, soupçonner quelqu'un, c'est admettre qu'il cache quelque sentiment blâmable. Me croiriez-vous donc capable d'une action ou d'une pensée mauvaise ?...

— Non ! répliqua vivement la jeune fille ; Dieu me garde de douter de votre loyauté ! Si ce que je viens de vous dire ressemble à la *jalousie,* je voudrais n'avoir jamais parlé ainsi.

Walter réunit dans les siennes les deux mains mignonnes de la jeune fille et les serra affectueusement, en silence.

— Mary ! lui dit-il tout-à-coup; regardez donc dans la vallée !

Elle tourna aussitôt les yeux dans la direction indiquée.

— Voyez, continua Walter, précisément derrière cette grande roche noire, sur la rive de Sweet-water.

— J'aperçois... Oui, ce sont des cavaliers qui s'avancent.

— En effet : c'est le mari de Manonie avec les militaires du Fort. Vraiment, je suis heureux de songer que cette pauvre mère et son enfant sont ici et vont lui être rendus. Chose inexplicable, mais que j'attribue à une sympathie bien naturelle, chaque fois que j'ai entendu la voix de cette jeune femme, il m'a semblé qu'un écho s'éveillait dans mon cœur, qu'un souvenir évanoui se retrouvait au plus profond de mon âme... Oh! mais, voyez ; les cavaliers descendent au galop une pente rapide : sans doute Marshall s'attend à trouver ici les objets de son affection. Qu'il arrive vite ! le bonheur l'attend ici.

— Éveillerai-je Manonie?

— Ce sera le meilleur. Ma première pensée avait été de respecter son sommeil, et de ménager à son mari la joie de la surprendre ainsi par sa présence : Mais je craindrais les effets d'une joie trop soudaine et violente. Éveillez-là ; qu'elle puisse voir arriver ses amis !

Mary fit un mouvement pour s'éloigner ; Walter la rappela :

— Chère! dit-il, votre père est avec eux:

ne serez-vous pas bien joyeuse de le revoir?

— Ah oui! comme je vais l'embrasser!

— Ils seront tous ici dans une demi-heure.

A cet instant Manonie apparût sur la porte de la cabane.

— Voyez! là-bas dans la vallée! s'écria-t-elle avec une exaltation joyeuse; voilà nos amis qui arrivent! voilà le bonheur!

Elle n'avait pas achevé ces paroles qu'un tourbillon de Sauvages s'élança de derrière les rochers environnants. Quindaro écrasé par vingt guerriers, se vit renversé et maintenu sur le sol, pieds et poings liés, en dépit d'une résistance désespérée et de ses efforts surhumains.

La malheureuse Manonie était de nouveau prisonnière, et avec elle l'homme dévoué qui avait bravé tant de périls pour la délivrer. Mary Oakley fut également garottée. Sa mère eût un meilleur sort: elle fut renversée d'un coup de tomahawk; son âme innocente et pieuse, devenue libre à jamais, pût prendre son vol vers le séjour des anges.

Wontum s'était aperçu de la fuite de Manonie peu d'heures après son évasion: avec son infernale perspicacité qu'aiguisait la rage, il parvint à découvrir la fuite des fugitifs et se lança à leur poursuite.

Accompagné de sa terrible bande, il était arrivé à la cabane de l'Ermite peu d'instants après ses victimes : mais la crainte superstitieuse que les Pawnies avaient du vieillard, les empêcha de violer l'asile choisi par Manonie ; ils attendirent qu'elle en fût sortie.

Pendant que Walter et Mary causaient paisiblement, insoucieux du péril ignoré, les yeux de Wontum, fascinateurs et funestes comme ceux du serpent à sonnettes, couvaient cette double proie, objet d'une haine mortelle. Il reconnaissait le libérateur de Manonie ; il reconnaissait le meurtrier de l'Indien trouvé gisant au pied du rocher ; il reconnaissait l'homme détesté et redouté qui, depuis si longtemps, semait la mort et l'effroi parmi les tribus Sauvages.

Du même coup d'œil, Wontum voyait arriver les troupes dans la vallée lointaine. L'heure était propice pour la vengeance et le triomphe

En effet Wontum, avait gagné une effrayante revanche !

Il s'assit sur le gazon à côté de ses victimes en les narguant du regard, avec un mauvais sourire.

— Ugh ! dit-il au bout de quelques instants en montrant du doigt les troupes qui s'approchaient dans le lointain ; Chiens Blancs, voyez-vous arriver vos amis ; sans doute vous préféreriez partir avec eux ?...

Quindaro ne répondit rien. Il comprenait parfaitement que le Sauvage pensait à mal, et ne cherchait qu'un prétexte, un mot, un signe pour rendre plus cruelle encore la misérable position de ses prisonniers. S'il n'eût été retenu par la crainte d'attirer sur ses malheureuses compagnes d'atroces représailles, il aurait essayé de recommencer la lutte, car sa fureur était comparable à celle du tigre pris au piége.

Il regarda Manonie, également chargée de liens comme lui. L'infortunée avait les yeux noyés de larmes ; tout en tenant son petit garçon convulsivement serré contre sa poitrine, elle jetait d'avides regards sur ces amis qui arrivaient, hélas ! trop tard, des confins de la vaste plaine. Évidemment il n'y avait aucun espoir de ce côté, car le Pawnie les avait aperçus et n'aurait pas l'imprudence de les attendre.

Mary Oakley se roulait sur le sol, auprès du cadavre de sa mère, dans les transports d'une douleur frénétique. Ses cris déchirants auraient touché une bête féroce, mais Wontum, inaccessible à tout sentiment humain, prêtait l'oreille à ce concert de douleurs, comme un dilettante savoure un beau passage de musique.

Après s'être rassasié de vengeance il donna l'ordre du départ. La horde Sauvage se forma en demi-cercle, poussant devant elle, comme un troupeau d'animaux captifs, Quindaro, Manonie, Mary Oakley et le petit Harry tous cruellement garottés.

Wontum entraînait vers les solitudes inaccessibles de Dêvil's Gate, ses tristes victimes, dont le cœur saignait en pensant aux amis, aux sauveurs qui, au bout de quelques minutes allaient arriver, mais trop tard.

CHAPITRE IX

TROP TARD !

Le cœur du lieutenant Marshall bondissait de joie, d'orgueil, d'espérance, en contemplant la vaillante phalange qui le suivait avec ardeur. Tout son sang bouillonnait d'impatience lorsqu'il songeait au but de son expédition.

Sa femme ! son enfant ! tout ce qu'il aimait au monde attendaient son arrivée !...

Jamais pareille angoisse n'avait atteint son âme : jusqu'alors sa vie avait coulé douce et calme, pleine de jours heureux ; son ciel avait toujours été sans nuages. Le bonheur avait suivi son mariage, et l'idée même d'un désastre n'avait jamais effleuré l'esprit du jeune officier.

Manonie, sa bien-aimée Manonie, enlevée au milieu du Fort !... c'était là un rude coup, sous lequel il fut sur le point de faillir. Mais l'adversité trempe les âmes fermes ; Marshall se sentit devenir d'acier et de bronze ; quelques secondes avaient suffi pour le transformer.

Tous ses soldats, impatients comme lui, couraient aux dangers de cette campagne aventureuse comme à une fête. Le galop rapide des chevaux ferraillait avec les cailloux aigus ; c'était une sorte de prélude au cliquetis de la bataille qui allait s'engager.

Deux fois leur guide, le brave Oakley, prétendit avoir aperçu des Sauvages sur les *Collines Noires;* chaque fois on avait fait halte et on avait minutieusement fouillé tous les alentours. Ces recherches avaient été infructueuses, et ce n'aurait été que demi-mal, si elles n'avaient pas apporté dans la marche un ralentissement qui devait avoir le funeste résultat qu'on vient de voir. Effectivement, si le détachement avait couru sans s'arrêter jusqu'à *Sweet-Water*, la partie était gagnée pour Marshall.

— Je n'aperçois aucune trace des Sauvages, dit tout à coup ce dernier ; et pourtant nous approchons de Sweet-Water. Mille tonnerres ! si nous ne parvenons pas à leur couper les devants, qu'en résultera-t-il ?

— Ma foi ! capitaine, répondit Oakley, je pense qu'il faudra se battre, et rudement.

— Nous serons peut-être forcés de les attaquer dans les défilés de *Devil's Gate*, je suppose.

— Précisément !

— Ah ! je crains bien que, dans ces parages, la victoire soit difficile, incertaine même.

— Je croyais que les soldats n'avaient pas peur ! répliqua dédaigneusement Oakley en regardant Marshall entre les deux yeux.

— *Je crois*, moi aussi, que vous faites fausse route, mon camarade, riposta Marshall d'un ton sec ; peu m'importe de servir de boulet à un canon pourvu que j'arrive au milieu de ces damnés Sauvages. Mais je ne veux pas mener tous ces braves gens à une boucherie pour satisfaire un intérêt de vengeance personnelle. Certes ! tant d'existences sont trop précieuses pour en faire si bon marché ! Si les choses se présentent mal ; s'il faut tenter quelqu'entreprise désespérée, eh bien ! je la tenterai seul.

— Non! oh! mais non! de par tous les diables!

— Vraiment! Et alors, quelle est votre idée, M. Oakley?

— Jack Oakley, sir, s'il vous plaît; la voici, mon idée : si vous allez parmi les Indiens, vous n'irez pas seul, je vous l'affirme.

— Et qui m'en empêchera?

— Un homme de ma taille, tout juste; ni plus petit ni plus grand.

— Vous?... vous m'en empêcherez?

— Moi-même, Votre Honneur, sans mentir.

— Je vous comprends, brave Jack! murmura Marshall plus ému qu'il ne voulait le paraître; vous voulez partager le danger avec moi. Mais, souvenez-vous, Oakley, que vous avez une femme et une fille; vous devez vous conserver pour elles.

— Eh! je ne fais pas autre chose qu'y penser tout le temps; c'est précisément le motif qui me fera marcher avec vous. Cependant elles sont en sûreté chez le Père John. Seigneur! si elles n'y étaient plus... je ne sais ce que je deviendrais!... Oui, je deviendrais enragé s'il arrivait malheur à la vieille femme et à Molly !

— N'avez-vous aucune crainte pour leur sûreté pendant votre absence ?

— Oh ! Dieu vous bénisse ! non assurément ; pas un seul rouge ne voudrait s'approcher de ce qui appartient au vieux John.

— Pour quelle raison ?

— Ils lui attribuent des pouvoirs surnaturels ; car il est toujours en méditations et en prières, les yeux tournés vers le ciel, comme s'il faisait la conversation avec quelqu'un là-haut : les Indiens le redoutent et le considèrent comme un sorcier. Ça n'empêche pas le vieux bonhomme d'être rude, après tout ! Seigneur ! j'ai cru l'autre jour qu'il m'avait brisé les os à la douzaine.

— Vous avez eu une querelle avec lui ?

— Oh ! c'était un badinage. J'étais d'avis qu'il ne pourrait pas me *bousculer* ; alors, nous avons essayé nos forces, vous savez. — Mille carabines ! il m'a lancé à plus de quarante pieds en l'air... J'ai cru que je ne retomberais jamais ! Ensuite, lorsque j'ai touché terre, j'ai fait un tel *pouf* que mon corps a failli éclater en deux morceaux. C'est tout de même drôle que nous n'ayons reçu aucune nouvelle. Vous pouvez être certain qu'il est aux trousses de Wontum, et rudement j'ose le dire.

— Ne m'avez-vous pas dit que Quindaro était aussi sur la piste des Sauvages ?

— Oui ; s'ils viennent à se rencontrer avec le vieux, j'ai idée qu'il en résultera quelque chose de bon.

Le pauvre Oakley ne se doutait guère qu'au moment même où il parlait, sa femme était couchée, à quelques pas de lui, ensanglantée, morte sur le théâtre du massacre; que sa fille était emmenée prisonnière; que Wontum venait de remporter un éclatant triomphe !

— S'ils sont ici, il est étrange qu'ils ne nous aient pas vus encore, dit Marshall ; car, de la cabane, ils découvrent parfaitement toute la vallée.

— C'est étrange, en effet, répéta l'honnête Jack comme un écho:

Et son visage se couvrit d'une pâleur inquiète.

Ils arrivaient à la dernière colline, but de leur voyage ; Oakley descendit de cheval afin de la gravir à pied. Bientôt ils atteignirent le petit plateau sur lequel était situé la hutte de l'ermite.

Là, Oakley se trouva vis-à-vis du corps inanimé de sa femme. Cette vue produisit sur lui l'effet d'un coup de foudre : il demeura pendant quelques instants en contemplation devant le cadavre, les yeux secs et hagards, les lèvres pâles et frissonnantes, en homme qui va mourir ; puis il poussa un cri rauque et se jeta sur cette dépouille froide et sanglante pour l'embrasser convulsivement.

Marshall s'approcha de lui et chercha à le relever : le malheureux retomba inerte sur le sol ; on eut pu le croire mort. Des secours empressés le ranimèrent ; mais il ne revint à lui que pour se tordre dans les transports d'une douleur frénétique. Un moment, Marshall craignit de le voir devenir fou.

— Les Sauvages viennent seulement de s'éloigner, dit le jeune officier lorsqu'il le vit un peu plus calme : ce meurtre a été commis il y a peu d'instants, car le corps de la pauvre victime est encore chaud. Allons ! Oakley, mon ami, du courage ! C'est le moment d'être fort ! voici seulement que notre tâche commence.

Oakley se redressa lentement, sans dire un mot, et promena autour de lui des yeux égarés : puis il appela plusieurs fois sa fille d'une voix stridente. N'ayant reçu aucune réponse, il se mit à fouiller les alentours. Enfin il renonça à cette recherche inutile, et dit à Marshall :

— Les Sauvages étaient au nombre de plus de soixante : Wontum était parmi eux ; je reconnais les empreintes de son pied. Quindaro ou l'Ermite se trouvaient là également ; les traces sont apparentes et indubitables.

— Cela paraît évident, répondit Marshall. Mais, pouvez-vous reconnaître s'il y a des vestiges de femmes ?

— Très-distinctement. Voici les pas de mon enfant, de ma petite Molly. Voici d'autres empreintes encore plus petites et délicates.

— N'y en a-t-il pas là qui ressemblent à celles d'un enfant ?

— Oui : les mêmes se retrouvent à la porte de la cabane.

— Ah ! mon Dieu ! s'écria Marshall en serrant les poings, ce sont les pieds de mon petit Harry. Malédiction ! quelle route ont prise les Sauvages ; dites-moi Oakley..?

— Pardessus les montagnes, du côté de *Devil's Gate.*

— Nous ne pourrons leur couper les devants, car ils ont peut-être une heure d'avance sur nous ; d'ailleurs, nos chevaux sont incapables de franchir ces rocailles aigües. Repassons par la vallée et courons aux cavernes où se rendent les Pawnies : c'est notre seule ressource.

— Elle est cruellement dangereuse, mais n'importe, allons !

Oakley et Marshall transportèrent pieusement dans la cabane le corps de la vieille femme ; ensuite ils revinrent vers le détachement qui les attendait au pied de la colline.

En apprenant le nouveau désastre qui venait d'être constaté, les soldats firent entendre de terribles imprécations ; chacun jura d'infliger une punition exemplaire à ces hordes altérées de sang, et l'ardeur pour marcher en avant devint telle que Marshall fut obligé de les retenir.

On partit en grande hâte ; on traversa la Platte et l'on remonta à la vallée de Sweet-Water. Chevaux et hommes firent une telle diligence qu'avant le soir le corps expéditionnaire fut arrivé aux défilés rocheux où était le quartier général des Sauvages.

Mais, comme leur situation était tellement forte qu'une attaque devenait extrêmement périlleuse, on fit halte pour tenir conseil.

CHAPITRE X

LE LOUP DANS SON ANTRE

La pauvre Manonie était incapable de marcher : les fatigues de la nuit précédente l'avaient brisée. Si elle les avait courageusement supportées, c'était l'espérance qui l'avait soutenue, la joyeuse espérance de revoir son mari.

Mais maintenant, combien tout était changé!

Cependant tout espoir ne l'avait pas encore abandonnée; Mary Oakley la soutenait par de courageuses paroles. Cette jeune fille montrait une énergie surprenante; on aurait pu la croire inaccessible à la peur : elle se montrait la digne enfant de l'intrépide Jack, la digne fiancée de l'invincible Quindaro.

On fit une litière en forme de brancard rustique, on y coucha Manonie, et la retraite continua avec la plus grande promptitude.

Pendant la route, la jeune femme demanda à Wontum en langue Indienne :

— Quelles sont vos intentions à l'égard de vos prisonniers ?

— Vous faire ma femme ! répliqua le Sauvage; puis, il ajouta en lançant à Quindaro un affreux regard : — Me venger de cet ennemi de ma race.

— Et Mary Oakley ?

— La donner à notre chef.

— Et Quindaro...?

— Le brûler ! le torturer !

— Vous n'oseriez pas commettre une action pareille ! cette basse férocité serait punie par la complète extermination des Pawnies.

— Je le ferai, oui ! aussitôt que nous aurons regagné les cavernes, je vous donnerai cet agréable spectacle. Il sera rôti vivant, alors même que Nemona voudrait l'empêcher.

— Monstre abominable ! s'écria Manonie en se soulevant sur la litière pour échanger un regard avec Quindaro.

Ce dernier restait impassible comme si rien n'eût été dit :

— N'ayez aucune inquiétude pour moi, dit-il, je trouverai bien encore quelque moyen de confondre ce scélérat.

— Avez-vous entendu ce qu'il vient de dire?

— Oui: l'idiôme Pawnie m'est familier.

— Mais, je crains qu'il ne mette immédiatement ses méchancetés à exécution. Pensez-vous que les troupes régulières pourront donner utilement assaut aux cavernes?

— On ne peut savoir : pour moi j'ai toute espérance.

— Quelles menaces fait Wontum ? demanda Mary.

— Il a le projet de...

— Arrêtez ! pas un mot de plus! interrompit Quindaro.

— Oh! n'ayez pas peur de parler, insista Mary; dites tout.

— Moi, dire, gronda Wontum, que le vaurien Blanc sera brûlé ! Il sera rôti. Ugh !

Mary lança au Sauvage un tel regard qu'il en recula :

— Si vous faites cela, lui dit-elle d'une voix surnaturelle, il vaudrait mieux pour vous n'être jamais né !

En parlant ainsi, son visage avait une expression effrayante; dans ses yeux bleus ordinairement si doux s'allumait une flamme vengeresse.

Wontum sentit un mouvement d'inquiétude lui traverser l'âme :

— Ugh! que fera la squaw à la face-pâle? Elle n'est qu'une femme, une femme, une vile squaw!

— Je vous tuerai, horrible cannibale! Je jetterai votre âme en pâture au méchant esprit, afin qu'il la tourmente éternellement!

L'Indien grimaça un sourire moqueur. Mais il ne pût dissimuler le malaise qui s'était emparé de lui, et durant tout le reste du voyage il évita de se tenir près de la jeune fille. A défaut d'armes apparentes, il la croyait en possession de pouvoirs surnaturels et invisibles.

Il était presque nuit lorsqu'ils arrivèrent à Devil's Gate. Toute la population Indienne y était en grande agitation : les guerriers se tenaient prêts à une bataille ; les uns, cachés derrière les arbres et les rochers ; les autres, dans les cavernes qui bordaient l'étroit défilé.

Les troupes, déjà arrivées, avaient engagé l'action par une chaude fusillade; mais elle avait produit un médiocre effet.

L'arivée de Wontum fit reprendre courage aux Pawnies; ils étaient en fort petit nombre attendu qu'une guerre venait d'éclater entre eux et les Sioux leurs ennemis naturels : cette circonstance avait conduit hors de la montagne une grande quantité de combattants.

Leur chef, Nemona, retenu par ses infirmités, n'avait pu prendre part à l'expédition. Il désirait avec anxiété négocier la paix avec les Blancs, afin de pouvoir tourner toutes ses forces contre les Sioux ; mais plusieurs notables de la tribu, instruits du carnage de leurs frères au Pic Laramie, lui faisaient une rude opposition.

Wontum, en se présentant, ne fit que confirmer tous ces sentiments hostiles. Il avait quitté le Fort avec deux cents guerriers ; il en ramenait à peine soixante. A la vérité, il avait fait quatre prisonniers ; mais on ne rapportait pas une chevelure : quelques Blancs avaient été scalpés à l'affaire de Laramie ; ces trophées enlevés aux morts avaient été perdus dans la suite du combat.

Lorsque la nuit fut entièrement tombée, les prisonniers furent enfermés dans une caverne étroite, et soigneusement gardés à vue. Le bruit s'était répandu dans la peuplade entière que Quindaro — le *Démon de la Montagne* comme ils l'appelaient — était au nombre des captifs. Cette nouvelle avait énivré de joie les Pawnies : on dansa, on chanta, on hurla à faire crouler les rochers. Toute la nuit il y eût à l'entrée de sa prison des groupes de curieux, avides de voir l'homme qui avait été si longtemps leur terreur, et qui, jusque-là, avait su leur échapper.

Un grand conseil fut tenu. Manonie qui avait entendu la plupart des discours se tourna vers Quindaro et lui dit :

— Je crois qu'il n'y a plus guère d'espoir à conserver pour vous, notre excellent ami.

— J'entends leur conversation, Manonie, répondit-il tranquillement, mais je ne perds pas espérance. J'ai idée que je leur échapperai encore.

— Que disent-ils, Walter ? demanda Mary Oakley.

— Vous le saurez toujours trop tôt:... cependant peut-être vaut il mieux que je vous le dise.

— Oh! oui ; parlez, cher Walter ; dites moi tout.

Je suis préparée ; si vous *partez*, je vous *suivrai* de près.

— Ils ont résolu de me brûler vif.

— Que le ciel nous soit en aide! murmura la malheureuse enfant en se rapprochant de son ami ; peut-être les troupes donneront l'assaut avant le jour, il nous reste encore une lueur d'espérance.

— Les Sauvages ne reculeront pas l'exécution jusqu'au matin : ils préparent les matériaux du bûcher. Mary, pourriez-vous rompre les liens qui me retiennent les mains ?

Elle essaya de toutes ses forces sans réussir.

A ce moment, Wontum entra dans la grotte avec une douzaine de Sauvages taillés en hercules. Il darda sur Quindaro ses yeux de reptile et lui dit :

— Ugh! vous avez tué trop d'Indiens. Il faut mourir comme un chien ; mourir brûlé.

— J'entends !

— Brûler !

— Oui. J'ai parfaitement saisi votre intéressante conversation à mon égard. S'il ne s'agissait que de moi, je tiendrais peu à la vie. — Oui,

Mary bien-aimée, poursuivit Quindaro en réponse au regard d'agonie que la jeune fille fixait sur lui, croyez bien que *je veux* vivre pour vous, pour nous deux. Nous verrons encore des jours de bonheur, de liberté, je vous le dis !

Wortum montra du doigt un feu brillant qui resplendissait à l'entrée de la grotte : à côté était un énorme amas de broussailles.

— Rôtir là ! dit-il.

Quindaro comprit le projet des Sauvages. Ils se proposaient de clore la grotte par une barrière de flammes, et d'y faire consumer le prisonnier comme dans un four. Là, il serait réellement rôti vif : c'était une atroce perspective.

Une pensée de résignation amère traversa l'esprit du condamné... : si ces roches profondes devaient lui servir de tombeau, ne serait-ce pas, pour sa dépouille, après les dernières angoisses de l'agonie, un lieu de repos aussi tranquille qu'un autre. Personne ne viendrait y troubler ses cendres solitaires... peut-être serait-il permis à Mary de lui apporter un tribut de larmes,... si toutefois !... — Mais, quel serait le sort de la jeune fille ?... Celui de Manonie et de son enfant ?... La mort, la mort la plus cruelle, ne serait-elle pas préférable à l'existence que l'avenir leur réservait?...

Toutes ces idées déchirantes se succédèrent comme un tourbillon sombre dans l'esprit de Quindaro. Un frisson d'angoisse inexprimable agita tout son être en songeant à ces frêles créatures, si chères, si dignes de toute son affection, et qui allaient rester seules, victimes sacrifiées d'avance, sans protecteur, sans ami, sans espoir!...

Si, au moins, il y avait eu quelque chance de gagner du temps, d'appeler par un signal quelconque les amis veillant au-dehors! Mais non! partout, autour des captifs, la voûte noire et impénétrable du souterrain, tombe anticipée, mort prématurée, ensevelissement hâtif des créatures vivantes.

Et pas une arme!... pas même les mains libres!... Se sentir fort, énergique;... avoir un cœur de lion et des forces de géant,... et se voir plus impuissant qu'un petit enfant!... se voir anéanti sous les liens!... mourir, non pas de la mort du brave, dans une lutte désespérée, mais de la mort d'un vil animal!... C'en était trop!...

Une pensée nouvelle sembla surgir dans son esprit.

— Qu'allez-vous faire de Manonie? demanda-t-il à Wontum.

— La squaw de Wontum! répondit le Sauvage avec emphase.

— Et l'enfant?

— Lui, courageux. Il fera un bon guerrier : il vivra avec les Indiens jusqu'à ce qu'il soit grand.

— Que ferez-vous de l'autre fille pâle?

— La donner au chef.

— Où est-il, votre chef?

— Là-haut! répliqua le Pawnie en indiquant une caverne située aux étages supérieurs.

— Dites au chef que le prisonnier veut lui parler.

— Ugh! non! Il vous faut mourir maintenant.

— Wontum n'est qu'un lâche reptile. Il n'ose pas montrer Quindaro au chef.

Le Sauvage bondit, tira son couteau, et le leva sur le prisonnier, mais il ne frappa point; son adversaire n'avait pas même baissé les paupières. Son intrépide regard, lançant des flammes, alla brûler les yeux de son ennemi ; et certainement le Pawnie ne se serait guère soucié de le rencontrer seul à seul au coin d'un bois solitaire.

Après qu'ils se furent mesurés de l'œil pendant quelques instants, Quindaro reprit :

— Un lâche seul oserait frapper un prisonnier désarmé et enchaîné : si vous êtes brave, déliez-moi les mains.

— Wontum est un brave ! Wontum n'est pas un lâche !

— Alors déliez-moi.

— Ugh ! non !

— Vous avez peur de moi ! vous tremblez de me voir libre un instant, même alors que vos guerriers vous entourent. Certainement votre chef vous mépriserait, s'il savait votre conduite.

Wontum, sans répondre, donna quelques ordres à ses hommes ; aussitôt quatre robustes Sauvages entrèrent dans la grotte et emmenèrent les femmes ainsi que l'enfant. En même temps, d'autres Pawnies se mirent à amonceler des broussailles contre le feu.

Mary Oakley se répandit en cris désespérés et en convulsions lamentables; se débattant de toutes ses forces pour n'être point séparée de Quindaro. Les bourreaux qui l'entraînaient n'y firent aucune attention.

Quant à Manonie, elle était plus calme, mais mourante : ce dernier désespoir la tuait.

A ce moment le vieux chef Nemona arriva accompagné de sa femme. Il jeta sur Mary Oakley un regard de compassion et lança ensuite des regards courroucés sur Wontum.

Sa femme, nommée Topeka (c'est-à-dire *Ile-d'Amour* ou *Belle-Perle*), s'approcha de la pauvre Mary et chercha à la calmer, mais sans pouvoir y réussir. Au contraire, la jeune fille continua à se débattre et à pousser des sanglots déchirants.

Le chef ignorait, d'abord, de quoi il s'agissait ; mais un coup-d'œil lui fit reconnaître Quindaro et les préparatifs commencés pour son supplice.

Nemona était loin d'avoir des habitudes de cruauté : il était même d'une générosité chevaleresque et extraordinaire pour un Sauvage. Mais il connaissait malheureusement trop Quindaro, pour ne pas voir en lui un des plus dangereux ennemis de sa tribu. En effet, ce héros blanc de la montagne avait semé autour de lui une terreur inouïe : chez la plupart des Pawnies elle allait jusqu'à la superstition, car ses exploits, son audace, son heureuse chance faisaient croire à des pouvoirs surhumains. Néanmoins, il faut le dire, cette crainte fantastique venait de perdre beaucoup de son empire depuis que cet ennemi jusue-là invincible était prisonnier, enchaîné, vaincu en un mot.

— Brûler ? demanda Wontum en montrant du doigt Quindaro.

— Oui ! répondit Nemona d'un ton bref et triste.

A ce mot surgit parmi les Sauvages un concert atroce de hurlements, d'imprécations, de menaces, tout cela entremêlé de danses et de contorsions frénétiques. Leur triomphe allait jusqu'au délire.

Lorsqu'une apparence de calme fut rétablie, Quindaro s'adressa à Nemona :

— Nemona, dit-il, est un grand chef ?

— Ugh ! Nemona est Pawnie ! le premier de son peuple !

— Il ne connaît pas la peur, comme une femme ?

— Non ! Némona ne craint rien !

— Votre prisonnier est enchaîné. Il désire embrasser ses sœurs avant de mourir. Le chef lui fera délier les mains.

— Ugh !

— Vous voyez que le prisonnier n'a pas d'armes.

— Ugh !

— Une énorme bûche de chêne fut apportée dans la grotte : on força Quindaro de s'asseoir dessus. Wontum, par un raffinement de barbare vengeance, se complût à bander les yeux de sa victime. Ensuite on traîna les deux femmes et le petit Harry à quelque distance.

— Le chef est-il encore là ? demanda Quindaro.

— Oui.

— Entendez-vous les cris des femmes ! dit le condamné d'une voix vibrante.

— Ugh !

— Si vous ne voulez pas que je vous considère comme une lâche et pusillanime squaw, s'écria Quindaro, vous ferez relâcher mes liens pour que je puisse dire adieu à ces infortunées. Mais, sans doute, vous tremblez, vous et vos guerriers, devant votre captif, même lorsqu'il est enchaîné !

— Non !

— Alors si vous n'êtes pas des cœurs tremblants, laissez mes mains libres !

Cet appel à l'orgueil guerrier des Pawnies ne

fut pas sans effet sur l'esprit du chef. Topeka saisit un moment favorable, et soit par une secrète sympathie pour cet intrépide jeune homme, soit pour démontrer la bravoure de son mari, elle tira de son sein un petit poignard en s'écriant :

— Le chef ne connaît pas la peur! Il veut délier Quindaro pour qu'il puisse embrasser ses amis avant de mourir.

A ces mots elle se pencha sur le captif et coupa ses liens. En même temps, elle lui dit d'une voix basse et précipitée :

— Vous êtes bon. Les Faces-Pâles vous ont en haute estime: j'aime mon mari, ne dirigez pas vos coups sur lui.

Quindaro ne saisit pas tout d'abord le sens de ces paroles, tant une pareille intervention était nattendue. Mais, ce qu'il vit bien clairement, c'était qu'après avoir coupé les cordes Topeka, par un mouvement inaperçu, avait laissé tomber le couteau sous les pieds du prisonnier!

Le jeune Blanc était stupéfié: jamais semblable aventure ne serait entrée dans ses prévisions. Au premier moment il fut même contrarié d'une pareille assistance qui l'embarrassait en un certain sens. Effectivement, le vieux chef, debout devant lui, était précisément le premier adversaire qu'il lui aurait fallu frapper. Or, la loyauté, la reconnaissance, lui défendaient toute agression contre ce vieillard : Topeka n'avait point voulu fournir le poignard contre lui.

Quindaro resta donc assis avec une apparente indifférence. Nemona imita son impassibilité et se détourna.

Au même instant Topeka revint, amenant Mary et Manonie. Toutes deux tombèrent à genoux près de lui en pleurant et poussant des sanglots à fendre l'âme.

— Chut! murmura Quindaro, écoutez-moi vite! Manonie rangez-vous sur le côté ; je vais tenter une évasion.

La jeune femme se releva lentement, sans rien dire, et alla s'appuyer contre les parois de la grotte, derrière Nemona.

Mary avait moitié entendu, moitié deviné les paroles de Quindaro, elle s'approcha de lui et dit d'une voix basse comme un souffle :

— Courage ami! Je vous prédis le succès!

La pauvre enfant ne savait en aucune manière comment Walter essayerait cette entreprise désespérée ; mais elle avait confiance... et l'espoir renaît si vite avec la confiance !

— Armez-vous d'énergie pour tout supporter jusqu'à mon retour avec les soldats, reprit Walter.

— Soyez sans crainte, nous serons courageuses, d'ailleurs ils ne nous tueront pas ; et jusqu'à la mort j'espérerai, moi.

— Eh bien ! donc ! reculez-vous un peu, je vais voir....

A ces mots Quindaro bondit :

Manonie le guettait, épiant le moment favorable pour l'aider. Dès qu'elle vit le jeune homme debout, elle jeta ses bras autour du cou de Nemona en s'écriant :

— Oh ! père ! bon père Indien ! grâce pour Quindaro ! grâce !

En même temps elle se cramponna au vieillard avec une vigueur et une ténacité incroyables, tellement que, malgré ses efforts, il ne parvint pas à se débarrasser d'elle en temps utile.

Quindaro s'était lancé comme un lion et avait renversé Wontum ; mais l'agile et méfiant Sauvage avait esquivé le coup mortel, il ne reçut qu'une blessure assez sérieuse.

Les mouvements du fugitif furent si prompts qu'il était hors de la caverne avant que les Sauvages s'en fussent aperçus, et sans qu'ils eussent fait un geste pour le retenir.

Mais, pour cela, il n'était pas encore sauvé. Il se trouvait sur le sommet le plus relevé de *Devil's Gate*, et pour descendre de ces hauteurs, il lui fallait se heurter, sur tous les points, aux Indiens effarés.

Sans perdre une seconde, il se lança avec la rapidité d'une flèche au travers des rocs et des précipices, cherchant toujours à gagner les pentes inférieures

Par un effort désespéré, il réussit à gagner quelque avance sur ses poursuivants, dont il entendait la respiration haletante et furieuse derrière ses épaules. Sur sa route, il courait l'immense danger de rencontrer des Pawnies disséminés dans la montagne et de se trouver ainsi brusquement arrêté. Cependant, une circonstance heureuse lui fut d'un grand secours : il était encore revêtu du costume Indien; sa peau basanée, sa démarche agile, tout, en lui, complétait la ressemblance parfaite avec un guerrier du désert; plusieurs Pawnies qui stationnaient à quelque distance le prirent pour un des leurs et le laissèrent passer.

Wontum serrait de près Quindaro avec une agilité effrayante et un acharnement féroce. Tous deux dévoraient l'espace, l'un courant pour sa vie, l'autre pour sa vengeance. Le Pawnie avait essayé un coup de fusil sur le fugitif, mais il l'avait manqué. Renonçant alors à se servir inutilement de son arme, il se remit à le poursuivre en poussant des cris d'alarme qui ameutèrent contre Quindaro tous les Pawnies des environs.

Le jeune Blanc avait réussi à prendre un peu d'avance; mais bientôt il se vit sur un terrain excessivement périlleux. Derrière lui la meute hurlante et forcenée; devant, une rangée menaçante de carabine; à droite, un précipice dont les parois perpendiculaires plongeaient dans une sombre profondeur; à gauche, les arêtes rocheuses de la montagne, hérissées d'inextricables broussailles.

Dans cette dernière direction se trouvait son unique chance de salut; il s'y lança désespérément. Une douzaine de coups de feu lui fut envoyée sans le blesser sérieusement, grâce à la précaution par lui prise de courir en zig-zag.

Cependant tous ces détours l'avaient un peu ralenti, et ses ennemis ne se trouvaient qu'à dix pas en arrière lorsqu'il commença à gravir la montagne.

Ce trajet était rude, autant pour les poursuivants que pour le poursuivi. Quindaro le franchit avec une agilité surhumaine qui le porta en peu d'instants bien loin des Sauvages. Peu à peu le bruit de leurs pas s'amoindrit, s'éteignit; puis leurs clameurs devinrent confuses, enfin elles s'éteignirent à leur tour; et le silence de la nuit régna de nouveau sur la solitude.

A ce moment, Quindaro put se croire sauvé. Il s'arrêta, pour reprendre haleine, au bas d'une profonde ravine dont les détours allaient jusqu'au bas des collines rejoindre Sweet-Water, en avant de *Devils'Gate*.

Après avoir prêté, pendant quelques minutes, une oreille attentive aux moindres bruits de la forêt, le jeune homme remonta sur un côté du ravin et parcourut des yeux la pente qui s'étendait vers la plaine. La clarté de la lune lui fit apercevoir le détachement de cavalerie dans la vallée; il n'était pas à plus de cinq cents pas de distance, et paraissait se mouvoir lentement vers la montagne. Un peu en avant se dessinait comme un ruban noir une division d'infanterie, ou, pour mieux dire, de cavaliers qui avaient mis pied à terre.

Dans ce poste d'observation Quindaro était passablement en vue; trop même pour sa sûreté, car il entendit tout à coup à peu de distance le craquement d'une batterie de fusil. Prompt comme la pensée, le jeune homme plongea dans l'obscurité du ravin et se coucha par terre au moment où le coup partait sans l'atteindre.

Il se releva sans bruit; mais, à son premier mouvement, une forme sombre se dressa à côté de lui et un tomahawk siffla sur sa tête; un « plongeon » rapide le lui fit esquiver.

Heureusement pour lui, le rifle de son invisible adversaire n'était pas rechargé, car au lieu de recevoir une balle, comme il s'y attendait, le fugitif n'entendit que des pas précipités qui se mettaient à sa poursuite.

Au bout de quelques pas, Quindaro trébucha et tomba. Il avait donné dans une embuscade : un rapide coup-d'œil lui fit apercevoir des fantômes tapis ras de terre au milieu des buissons.

A peine s'était-il relevé, agile comme une jeune panthère, que vingt mains vigoureuses le saisirent à l'improviste.

Sur le premier moment il lui fut impossible de reconnaître ceux au pouvoir desquels il venait de tomber. Étaient-ce des éclaireurs militaires, ou des Indiens? l'ombre était devenue si épaisse que tout était confusion et incertitude.

Quindaro avait toujours son costume Indien; par prudence il ne dit rien et évita soigneusement tout ce qui aurait pu le faire reconnaître; car si, par malheur, il était aux mains des Pawnies, son apparence indienne lui préparait une évasion plus facile.

Les hurlements diaboliques dont il fut salué le fixèrent bientôt sur la nationalité de ses ennemis: cependant les allures du jeune Blanc, son costume, sa prodigieuse agilité les dérouta au premier abord; ils le prirent pour un espion Sioux. Wontum, accompagné de quelques Pawnies étant survenu, fut reçu à coups de fusils et de tomahawks. Cependant les deux détachements ne tardèrent pas à se reconnaître, on cessa une lutte fratricide, et l'on s'occupa de Quindaro.

Mais, grâce au tumulte, il avait définitivement

disparu ; toutes les recherches furent inutiles : la partie était gagnée encore une fois par le *Démon de la Montagne*.

Wontum faillit en devenir fou de rage : il aurait volontiers massacré tous ceux qui l'entouraient.

Une diversion passablement désagréable vint le tirer de ses fureurs intérieures. Tout ce tumulte et la fusillade qui s'en était suivie avaient attiré l'attention des troupes en mouvement sur le bord de la rivière. Guidés par le bruit, l'éclair et la fumée des carabines, les artilleurs envoyèrent des volées de mitraille qui criblèrent les buissons où se tenait Wontum. Bientôt la place ne fut plus tenable pour les Peaux-Rouges; après avoir eu plusieurs hommes blessés, ils se décidèrent à la retraite, la rage dans le cœur, et revinrent annoncer à Nemona que l'évasion du prisonnier était un fait consommé.

En même temps ils lui firent connaître la présence et la force imposante des troupes régulières.

Le vieux chef se montra fort irrité, et insista plus que jamais pour négocier la paix avec les Blancs. Mais ses ouvertures dans ce sens pacifique furent mal accueillies ; l'orgueil froissé des Pawnies, excité par le vindicatif Wontum, faisait taire en eux tout esprit de prudence; une revanche sanglante leur paraissait le seul parti désirable.

CHAPITRE XI

LUEURS D'ESPOIR

Peu d'instants après l'arrivée de Wontum, ses discussions avec le chef avaient dégénéré en dispute, et l'on était sur le point d'en venir aux coups, lorsque plusieurs Sauvages arrivèrent avec grand bruit, amenant un prisonnier.

Wontum poussa un rugissement de triomphe et bondit vers l'entrée de la caverne, espérant apercevoir Quindaro. Mais son enthousiasme tomba vite; les nouveaux-venus n'amenaient qu'un vieillard.

En le voyant approcher, Mary Oakley s'élança au-devant de lui, en s'écriant :

— Oh! père John! êtes-vous donc aussi prisonnier ?

Effectivement, c'était le vénérable ermite; il répondit d'une voix calme :

— Non, mon enfant, non, pas prisonnier!

— Comment donc vous trouvez-vous ici?

— Je viens pour faire mettre en liberté trois personnes : vous, Manonie et son enfant.

— Vraiment! Quel bonheur! s'écrièrent les deux captives, en prenant avec effusion les mains de ce sauveur inattendu.

— Relâcher ELLE? fit dédaigneusement Wontum en montrant Manonie

— Je ne m'adresse pas à vous, répondit l'ermite d'une voix glacée; lorsque j'aurai consolé ces malheureuses créatures, je veux conférer avec le chef Némona.

Cette réplique n'était pas faite pour satisfaire le farouche Pawnie; néanmoins il resta immobile sans répondre un seul mot.

— Avez-vous vu Quindaro? demanda Mary en étouffant ses sanglots.

— Oui, il est sauvé.

— Et mon mari? s'écria impétueusement Manonie.

— A la tête des troupes, dans la vallée ; il sera bientôt ici.

11.

— C'est un espion ! hurla Wontum.

— Un espion ?... répéta Némona.

— Non, non, je ne suis ni guerrier, ni espion; ma voix n'est pas pour le sang, mais pour la paix.

— Où avez-vous été pris ?

— Vos guerriers m'ont saisi dans le ravin, tout près de la rivière:

— Que faisiez-vous là..?

— J'étais en route pour venir vous proposer la paix.

Le visage du vieux chef s'illumina d'une satisfaction subite : celui de Wontum devint plus sombre que la nuit.

— Quelles conditions proposez-vous ? demanda Nemona.

— Vous cesserez vos hostilités, vous relâcherez les prisonnières, vous livrerez Wontum au supplice, car c'est lui qui est le principal coupable. — Oh! vous n'avez pas à me regarder si cruellement, vous ! continua-t-il en s'adressant à ce dernier; je transmets mon message, le chef répondra ce qu'il voudra, je rapporterai fidèlement ses paroles. — Je pense maintenant, oui, je pense que trop de sang déjà a coulé; il en faut tarir la source. Vous me connaissez pour un homme de paix, Nemona, vous savez que si je vous donne un conseil, c'est pour votre bien. Croyez-moi, toute lutte avec les Blancs est impossible; ils sont plus nombreux que vous, ils ont de *gros rifles* qui sèment au loin la mort. Remettez-moi les captives ; je m'en irai avec elles annoncer que le grand chef est un sage, un ami de la paix.

Topeka survint à ce moment : après avoir regardé fixément le vieillard, elle le prit par la main en disant :

— Êtes-vous le Père John, l'Ermite ?

— On m'appelle ainsi, Topeka.

— Le bon vieillard dont le wigwam est sur la montagne du Medicine Bow?...

— Là est ma cabane.

— Vous y vivez seul?... Vous êtes *solitaire*, sans personne pour soigner votre demeure, personne pour vous aimer ?...

— Je ne suis pas tout-à-fait sans amis. J'espère bien n'avoir pas d'ennemis.

— Oh non ! personne ne peut être votre ennemi; chacun vous aime, parce que vous parlez du Grand-Esprit. Si tous vous écoutaient, je crois bien que nous n'aurions pas de guerres. Voulez-vous me dire quelques paroles de Celui qui gouverne les cieux ?

— Volontiers, Topeka. Il nous enseigne que nous ne devons pas tuer. Pourtant quelqu'un de votre tribu est venu hier à ma cabane, il a tué une pauvre femme, la mère de cette pauvre enfant.

Les yeux de la vieille Indienne se portèrent sur Mary Oakley.

— Sa mère? demanda-t-elle avec émotion.

— Oui, répondit la voix grave et triste de John.

— Et... a-t-elle encore quelqu'un pour l'aimer?

— Son père vit encore.

— Personne autre?

— Oh! si! s'écria naïvement Mary ; voici d'abord le bon père John ; ensuite il y a celui qui...

— Chut! fit l'ermite.

— Ah ! oui, je me souviens. Le prisonnier qui était là tout-à-l'heure. Et, vous l'aimez?...

— Oui! oh oui !

— Autant que j'aime mon mari, Nemona?...

— Bien davantage! je pense, répondit la jeune fille rouge et confuse.

— Alors, il faut que vous soyez libre de le rejoindre. Quel est celui qui a tué votre mère ?

— C'est Wontum, dit l'Ermite.

— Vous êtes un méchant homme ! fit Topeka d'un ton sévère, en se tournant vers le Pawnie ; vous serez puni pour ce crime.

Alors, s'adressant à Manonie :

— Vous n'aimez pas à vivre dans nos wigwams ?...

— Non ! répondit la jeune femme ; je ne suis pas née dans les bois ; ma patrie c'est la maison des Blancs ; le sang Indien n'est pas le mien ; pourquoi serais-je infidèle à ma race ?

— Bien ! reprit la vénérable Pawnie, vous êtes Face-Pâle, vivez avec les vôtres. Vous n'aimez pa Wontum ?

— Certes, non ! je préférerais les loups de la prairie !

— Je ne vous blâme pas. C'est un méchant homme. Quelqu'un vous aime là-bas ? continua-t-elle en montrant les troupes dans la vallée.

— Oh oui ! mon mari m'attend, il attend son enfant !

— Bien ! vous irez le rejoindre.

— Elle n'ira pas! hurla Wontum avec un emportement féroce.

Et il tira son couteau comme pour joindre le geste à sa protestation.

— Arrière! Wontum! cria le chef d'une voix tonnante; c'est moi qui commande ici!

Le Sauvage recula, n'osant désobéir; mais au fond du cœur il nourrissait l'espoir de semer la division dans la tribu et de l'emporter par la violence et le nombre de ses adhérents. Il se mit sur lechamp à comploter dans les groupes, exploitant avec une habileté infernale les passions sanguinaires de ceux qui l'entouraient.

Pendant ce temps, Topeka restait les yeux fixés sur Mary Oakley. Enfin, elle lui dit d'une voix tremblante :

— Ainsi donc, c'est ce méchant homme qui a tué votre pauvre mère?

— Oui, répondit la jeune fille en sanglottant.

— Hier?

— Oui, hier.

— Hier!... répéta la vieille Indienne en réfléchissant; il y a dix... quinze... dix-huit ans que ce méchant homme a tué...

— Tué ? qui demanda l'Ermite avec émotion.

— La mère de Manonie.

La jeune femme poussa un cri de douleur : l'Ermite devint pâle et demanda avec une sorte d'emportement douloureux :

— Quel était son nom ? où demeurait-elle ?...

— Je l'ai oublié, répondit lentement Topeka, après avoir consulté ses souvenirs ; mais mon mari vous le dira peut-être.

— Était-il présent ?

— Où ?

— Au lieu où le meurtre fût commis ?

— Non, répliqua Nemona ; j'étais au lac Willow et je n'ai connu cette affaire qu'au retour de Wontum, lorsqu'il ramena Manonie avec lui. Elle était alors un petit enfant d'environ trois ans.

— Le nom... quel était-il ?

— Je ne l'ai jamais su.

— Le lieu...? En quel lieu a été commis le meurtre ?

— Ce fut dans l'Iowa, près...

Le vieillard ne put achever sa phrase ; un coup de feu cingla l'air, en même temps le chef tressaillit en portant sa main à la tête comme s'il y eût éprouvé une vive douleur : un filet rouge ruissela entre ses doigts, il chancela et tomba à la renverse.

Topeka se précipita sur le corps de son mari, cherchant à le relever, l'appelant des noms les plus tendres. Mais le vieillard resta muet et inanimé : alors elle se répandit en sanglots déchirants. Après avoir ainsi donné cours à sa douleur, elle se releva comme une tigresse, cherchant le meurtrier.

Wontum et tous les Indiens réunis regardaient leur chef avec une anxiété silencieuse. Topeka courut à Wontum, le couteau levé :

— Vous ! c'est vous ! cria-t-elle, exaspérée.

— Ugh ! moi ! non ! répliqua le Pawnie tout décontenancé par cette accusation.

— Ah ! c'est lui ! c'est lui ! poursuivit-elle en se tournant vers l'Ermite.

— Non, Topeka : je ne pense pas, dit le vieux John. Comme vous le voyez, le jour est venu, quelque soldat a pu s'approcher à portée de carabine et a tiré ce coup malheureux. Mais, laissez-moi voir si Nemona est mort ou seulement blessé.

Tout en parlant, l'Ermite s'était penché sur le

chef : au bout d'un examen de quelques instants, il se releva en disant :

— Rassurez-vous, Topeka, sa blessure n'est nullement grave. La balle lui a effleuré la tempe, et a tracé sur la peau un léger sillon, sans atteindre le crâne. Il n'est qu'étourdi par le coup ; dans peu d'instants il reprendra connaissance.

Sous la direction de Topeka, les Sauvages emportèrent leur chef dans une grotte reculée où il était à l'abri de la fusillade qui commençait à envoyer parmi les Pawnies une grêle de balles.

L'occasion était triomphante pour Wontum : il était débarrassé du chef, et, sûr de n'être point contredit, il pouvait mener au combat ses fidèles qui partageaient ses passions belliqueuses. Il était d'ailleurs convaincu de pouvoir résister pendant plusieurs heures, même aux plus rudes assauts. Il prit donc le commandement, plaça ses hommes aux postes les plus avantageux, et bientôt le pétillement de la fusillade, le grondement du canon, les sifflements de la mitraille ou des balles annoncèrent au loin que la bataille était chaudement engagée.

Des clameurs, tantôt inquiètes, tantôt victorieuses, indiquaient par instants les vicissitudes variables du combat. Peu à peu, les Sauvages se concentrèrent au point où étaient réunies les prisonnières et leur vieil ami ; elles furent obligées de rentrer plus avant dans l'intérieur des grottes pour n'être pas atteintes par les balles.

Le vieil Ermite s'aperçut alors qu'il lui serait plus périlleux de retourner parmi les Blancs que de rester avec les Indiens ; en effet, s'il échappait à la mousqueterie des troupes régulières, il pouvait craindre à coup sûr d'être fusillé par les Indiens furieux de le voir fuir. Il resta donc auprès de ses protégées. Là, au moins, il pouvait surveiller Wontum.

Il les conduisit dans la grotte où reposait Nemona. C'était leur plus sûr asile, à moins que Wontum, furieux d'une défaite, ne revînt les massacrer tous pour assouvir ses dernières vengeances.

Mary Oakley et Manonie étaient dans un état d'angoisse terrible. Elles étaient à la fois si près et si loin de la liberté ou de la mort ! Leur anxiété devenait si cruelle qu'elles se surprenaient à ne désirer qu'une chose... mourir avec leurs amis.

Topeka était plus calme. Elle donnait toute son

attention à son mari qui avait recouvré ses sens et ne se ressentait presque plus de sa blessure.

Tout à coup la vieille Indienne s'adressa fiévreusement au père John :

— Vite ! vite ! lui dit-elle ; cachez-vous derrière moi.

— Wontum vient donc ?

— Oui !

— Je lui résisterai.

— Insensé ! Il est accompagné de plusieurs robustes Peaux-Rouges ; tous sont armés, et vous êtes sans défense. Vous seriez tué avant d'avoir pu dire seulement deux mots.

— C'est Manonie que ce scélérat vient chercher ?

— Oui.

— Et je ne la défendrais pas jusqu'à mon dernier souffle ! oh ! que si !

— Dans ce cas, vous pouvez désespérer de son sort pour le présent et pour l'avenir ! Venez donc !

Et la vieille Indienne, tirant de force l'Ermite en arrière, le cacha dans l'ombre.

A cet instant Wontum arrivait avec plusieurs guerriers, hurlant et vociférant d'une manière furieuse. La malheureuse Manonie comprit aussitôt que c'était à elle qu'ils en voulaient ; elle se blottit dans un recoin obscur. Mais ses efforts furent inutiles, on l'arracha violemment de sa retraite et on la traîna jusqu'au dehors, malgré ses cris et les appels désespérés qu'elle adressait à son mari.

Hélas ! ce dernier combattait vaillamment pour lui apporter secours, mais il était trop loin encore pour lui venir en aide.

Elle crut bien entendre une fois sa voix vibrante, au milieu du tumulte ; ce ne fut qu'un éclair, une sorte de vision fiévreuse qui disparut aussitôt.

— Mon enfant ! mon enfant ! rendez-moi mon petit Harry ! criait-elle d'une voix navrante.

Mais le monstre cruel l'entraînait sans l'écouter.

— Oh ! c'en est trop ! oui, c'est trop de lâche cruauté ! s'écria l'Ermite ne pouvant plus tenir à ce spectacle atroce.

Et il s'élança vers le ravisseur : il l'atteignit au moment où il venait de jeter sa victime en travers sur un cheval. Un coup terrible fût asséné sur la tête du vieillard qui tomba à la renverse, inanimé, sur le sol.

— Je prévoyais bien ce qui devait arriver, cria Topeka en courant à son secours. Insensé vieillard ! que pouvait-il faire contre la force ?

Mary Oakley arriva en même temps. Le visage de l'Ermite était couvert de sang ; elle se mit à le laver doucement, cherchant sa blessure.

— Bonne Topeka, dit la jeune fille, je vais faire tout ce que je pourrai auprès du pauvre Père John, je crains bien que mes soins soient inutiles. Restez auprès de votre mari dont l'état exige encore votre assistance.

— Nous allons, ou plutôt vous allez avoir assistance dans quelques moments. Voilà la fusillade des Blancs qui se rapproche, les rifles Indiens se taisent. Justement ! voilà les soldats qui sont au pied de la colline : ne vont-ils pas tuer mon mari ? ajouta la vieille femme avec une tendre inquiétude.

— Non ! non ! n'ayez pas peur. Vous avez sauvé Quindaro, vous avez fait en notre faveur tout ce qui vous était possible. Nous saurons vous prouver notre reconnaissance.

Les deux femmes attendirent en silence l'issue

des événements: on n'entendait dans la grotte que le bruit de leur respiration oppressée et les sanglots du petit Harry oublié par Wontum dans la précipitation de sa fuite.

CHAPITRE XII

DÉNOUEMENT

Le corps expéditionnaire commandé par Marshall et guidé par Oakley avait dévoré l'espace avec une ardeur incroyable, si bien qu'il était arrivé à *Devil's Gate* avant la petite troupe de Wontum.

On savait déjà par des rapports d'éclaireurs que les deux tiers, au moins, de la tribu Pawnie étaient partis en campagne contre les Sioux, dont le quartier-général était au confluent de *Pole-Creek* et de la rivière Platte. Tout portait donc à présumer que les Indiens restants n'oseraient accepter le combat, et feraient la paix ou prendraient la fuite.

— Oakley ! demanda Marshall, lorsqu'ils arrivèrent en vue des cavernes, ne pensez-vous pas que Nemona cherchera à éviter la bataille lorsqu'il aura vu quelle est l'importance de nos forces?

— C'est tout juste mon opinion; et même cette guerre n'aurait pas eu lieu sans la maudite influence de cet exécrable Wontum. Je vous le dis, cap'taine, cet être-là est le type de ce qu'il y a de pire entre toutes les tribus de la Nébraska. C'est lui assurément qui a allumé la guerre avec les Sioux; il ne serait pas assez puni s'il pouvait être tué à chaque combat engagé par sa méchanceté.

— Croyez-vous que ce soit Wontum qui ait tué votre pauvre femme?

— Certainement! Quel être sur terre aurait pu vouloir du mal et en faire à la bonne créature? Ah! cap'taine, c'était la meilleure et la plus douce des femmes. Une excellente et pieuse femme, toujours prête à me consoler. Je vous le dis; sa perte fait dans mon cœur un vide, un gouffre énorme, que rien ne pourra combler.

— Je comprends votre douleur, mon brave Oakley, répondit tristement Marshall.

— Vous me comprenez, *vous!* c'est possible,

car vous avez du cœur, et vous connaissez l'adversité maintenant. Hélas! je ne pourrai jamais dire l'impression mortelle que j'ai éprouvée en voyant, inanimée sur le sol, la froide dépouille de celle qui pendant vingt années avait été ma fidèle et bien-aimée compagne. Seigneur! j'ai cru que mon cœur allait s'élancer hors de ma poitrine et mon sang faire éclater mes veines! Mais, ce mécréant! qu'aura-t-il fait de ma pauvre Molly?

— N'ont-ils pas pour habitude d'emmener en captivité les prisonniers qui ne sont pas tués?

— Pas toujours. Lorsqu'ils sont en pays ennemi, c'est leur coutume; mais je ne leur connais aucune raison pour agir ainsi. Tout le voisinage de *Medicine Bow* a vécu dans une paix profonde pendant plusieurs années; jamais nous n'avons offensé les Pawnies en aucune manière.

— Wontum s'est probablement douté que vous seriez avec moi.

— C'est fort possible. En tout cas, je ne me repens pas de ce que j'ai fait; j'ai agi suivant mon devoir, et je l'accomplirai jusqu'au bout, tant que j'aurai des jambes capables de me porter.

Au fait, il me reste une tâche à remplir : il faut que je tue ce Wontum !

— Vous n'êtes pas le seul qui ayiez droit à la vie de ce scélérat.

— Êtes-vous sûr d'être au même rang que moi pour cela, cap'taine ? Pensez donc qu'il n'a tué ni votre femme, ni votre enfant.

— Je l'espère ainsi, murmura Marshall avec un profond soupir.

— Et moi, j'en suis sûr : ce n'était pas dans ses idées.

— Je pense bien aussi qu'il épargnera la vie de sa prisonnière et de l'enfant aussi longtemps que possible. Mais supposez que nous donnions l'assaut, et que la victoire se déclare en notre faveur, n'est-il pas à craindre que Wontum la tue plutôt que de la voir remise entre mes mains ?

— Je ne crois pas. Il cherchera surtout à assurer son salut par la fuite.

— C'est égal, il peut fort bien massacrer ses victimes avant de fuir.

— Non. S'il ne leur fait aucun mal, il sera tué, tout simplement. S'il les tue, il sera torturé ! Il sait bien le sort qui l'attend ; il sait bien qu'on le poursuivra sur toute la surface de la terre.

— N'est-il pas étrange que nous n'ayons pas revu Quindaro ?

— Oui, c'est extraordinaire. J'ai grandement peur qu'il ait été fait prisonnier au moment où ma malheureuse femme a été tuée. S'il en est ainsi, Wontum ne l'aura pas laissé vivre deux heures seulement ; la pauvre petite Molly en aura eu le cœur brisé. Quel est votre plan d'attaque cap'taine ?

— Je ne puis dire grand'chose jusqu'à ce que j'aie pris connaissance de la position des Indiens. Toutefois, je projette de tourner *Independence Rock* avec une partie de nos forces pendant que l'artillerie attaquera de front. Je placerai, en outre, des hommes sur les flancs pour arrêter les Indiens dans leur fuite. Enfin, vous le concevez, tout dépendra des circonstances, des manœuvres et du nombre des ennemis.

— Fort bien. Nous sommes arrivés aux cavernes. Attention ! ça va commencer.

Oakley parlait encore lorsque la détonation d'une carabine retentit ; un soldat fut blessé : tout indiquait que les ennemis se tenaient sur leurs gardes.

Les pièces d'artillerie furent aussitôt mises en batterie et la canonnade commença.

L'obscurité du soir commençant à arriver, le feu se ralentit sensiblement et ne continua qu'à rares intervalles. C'était, du reste, plutôt une ruse pour occuper l'attention des Indiens qu'une attaque sérieuse ; en effet, dès que le crépuscule fut sombre et avant le lever de la lune, cinquante hommes, sous le commandement d'un lieutenant, commencèrent à tourner la montagne en se dirigeant vers les sommets du défilé. Comme cette ascension devait avoir lieu par un sentier rude et escarpé, il avait été calculé qu'elle ne pourrait être accomplie que bien avant dans la nuit. Oakley fut joint comme guide à ce détachement.

L'artillerie était restée dans le bas, avec le nombre d'hommes strictement nécessaires pour le service des pièces. Les Indiens avaient une telle frayeur de ces « gros rifles, » que jamais ils ne se hasardaient à les approcher : un renfort pour les protéger devenait donc inutile.

Une autre portion des troupes mit pied à terre et laissa ses chevaux derrière un banc de rochers, sous la garde d'un piquet de cavaliers. Cinquante hommes se portèrent sur le flanc gauche : Marshall, avec cent hommes d'élite, gagna le flanc droit pour revenir au centre des cavernes.

Il était convenu que toutes les attaques commenceraient au point du jour.

Pendant la nuit on aperçut le bûcher allumé pour brûler Quindaro. Deux ou trois fois Marshall, guidé par cette lueur sinistre, fut sur le point de faire lancer dans cette direction des volées de mitraille; mais il n'en fit rien tant il craignait d'atteindre les prisonnières.

L'aurore parut enfin : les hommes de Marshall se tenaient prêts à agir cachés derrière les rochers. A ce moment un d'entre eux eut la malheureuse idée de tirer le coup de feu qui blessa le vieux chef Nemona. Sans cette fatale imprudence, le combat n'aurait peut-être pas eu lieu, et beaucoup de sang aurait été épargné.

Enfin l'assaut commença avec furie. Un instant, Marshall aperçut à l'entrée des cavernes sa femme et son petit Harry. A cette vue son cœur bondit comme s'il eût cherché à s'élancer hors de sa poitrine. Il reconnut successivement Mary Oakley, le Vieil Ermite. Tous ces malheureux étaient en position très-périlleuse, grandement exposés au feu des assaillants.

Marshall se sentit soulagé d'un poids énorme lorsqu'il vit le père John faire rentrer les captives sous la grotte ; il commanda le feu avec une nouvelle énergie.

Les soldats avaient aussi reconnu l'Héroïne du fort Laramie ; un élan furieux s'empara d'eux à cette vue, ils se ruèrent en avant avec des clameurs formidables qui firent frissonner les plus profonds échos de cette solitude inhospitalière.

— En avant ! amis ! en avant !

Les balles sifflent, les rocs sont ébranlés, le torrent humain s'élève, se précipite, inonde les rampes escarpées. Des corps d'Indiens tombent du haut des roches sanglantes ; des braves tombent aussi dans les rangs de la troupe assiégeante. Mais rien n'arrête ceux qui survivent ; l'artillerie tonne, les coups de feu éclatent, le sang ruisselle !

— En avant ! soldats ! en avant !

Tout à coup Marshall domine d'une voix éperdue le fracas de la bataille :

— Cessez le feu !

Le motif de cet ordre est facile à comprendre : à cet instant apparaissent Wontum et Manonie sur le seuil de la caverne. Chaque balle lancée pouvait atteindre la jeune femme. Il y eut un moment d'affreux silence ; on s'attendait à la voir massacrer sur place.

Marshall bondit en voyant Wontum la placer sur un cheval et s'enfuir du côté de la vallée.

— Vite ! s'écria-t-il, le chemin est rocailleux, nous le devancerons sans peine. Pas de fusillade; chargez, le sabre à la main !

Comme une meute ardente les soldats volèrent sur les pas du Pawnie. Ce dernier, gouvernant habilement son agile monture, lui faisait franchir tous les obstacles comme si elle eût eu des ailes. Il descendit ainsi le ravin au grand galop et arriva dans la vallée.

Mais, précisément en face, se trouvait un détachement de cavalerie qui lui barrait le passage; la fuite devenait impossible de ce côté. Comme un sanglier acculé, il regarda derrière lui; Marshall arrivait comme un tourbillon avec ses fidèles.

Le flanc abrupte du ravin lui offrait une voie impraticable pour tout autre qu'un Sauvage ; il y lança éperdument son cheval. Mais le noble animal venait de fournir une terrible carrière; le double fardeau qu'il portait était trop pesant pour lui ; deux fois ses jambes fines et nerveuses se cramponnèrent au sol mouvant; deux fois, coursier et cavalier glissèrent jusqu'au fond du précipice.

Les soldats approchaient : la mort devenait certaine, la fuite impossible! Le sombre visage de l'Indien s'illumina d'une flamme sanglante. Il sauta par terre, tirant après lui Manonie.

Marshall n'était plus qu'à trois longueurs d'épée.

— Vengeance! toujours! hurla Wontum.

Et son couteau acéré se leva sur la jeune femme étendue à ses pieds...

— Feu! avait crié Marshall.

Les balles sifflèrent. Mais avant qu'elles fussent arrivées au but, une forme sombre s'abattait du haut d'un roc sur le meurtrier et le renversait par un coup terrible qui faisait jaillir au loin les morceaux de son crâne.

Manonie était sauvée... sauvée par le brave Oakley!

Hélas! cette victoire devait coûter un sang précieux : le vaillant chasseur était retombé sans mouvement auprès du cadavre de Wontum : les balles destinées à ce dernier l'avaient atteint.

— Notre ami! notre sauveur! portons lui se-

cours! s'écria Marshall après avoir tendrement
serré sa femme dans ses bras.

— Oakley! continua-t-il en l'embrassant et le
soulevant avec précaution; êtes-vous grièvement
blessé?

— Oh!... peut-être... pas trop... répondit le
pauvre Jack d'une voix éteinte; cependant, je
ne sais pas... si je... m'en tirerai.

— Hélas! nos balles vous ont atteint?

— Oui... on ne m'avait pas vu... c'est égal, il
est heureux pour Manonie... que je... me sois
trouvé là... ma petite Molly?...

— Sauvée! dans les grottes, dit Marshall.

— Je voudrais... la voir avant de mourir...
avant... de rejoindre ma... pauvre bonne femme...

— Espérons mieux! vous n'êtes pas blessé à
mort.

— Je le souhaite pour... Molly; mais je suis...
perdu. Je sens au poids qu'il y a plus de dix
balles... dans mon corps. — Ah! capitaine! mes
yeux ont-ils été atteints?

— Non. Je ne remarque aucune trace. Pourquoi?

— C'est que la nuit... se répand sur moi, la
nuit... sombre.

— Voulez-vous qu'on vous transporte à la grotte?

— Où est ma petite... Molly...?

— Oui.

— Volontiers... mais... hâtez-vous.

On forma sur le champ une litière avec les mousquets et on emporta le blessé.

Mais lorsqu'il arriva auprès de sa fille, il avait perdu connaissance, la malheureuse enfant n'embrassa qu'un corps inanimé.

ÉPILOGUE

Les lendemains de batailles sont tristes même pour les vainqueurs. Il faut ensevelir les morts, panser les blessés : on se compte, et on trouve des vides dans les rangs.

Après les premières joies d'une réunion presque miraculeuse, Marshall et le vieil Ermite avaient dû s'occuper de tous ces pénibles détails. Ensuite, le repos, nécessaire à tous après tant d'angoisses et de fatigues, le repos était devenu un impérieux besoin. Chacun s'était fait un li rustique, et on s'était endormi, les uns sur leurs joies, les autres sur leurs douleurs.

Cependant la nouvelle aurore qui succéda à ces journées sombres était si belle que la joie, le bon-

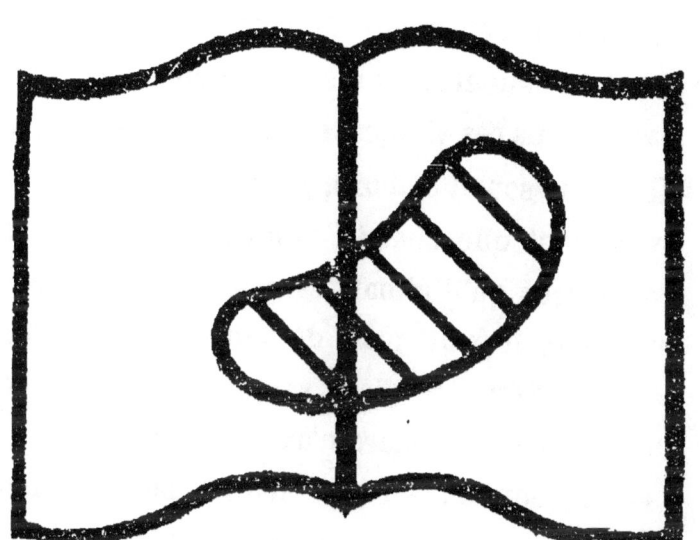

Illisibilité partielle

heur et la paix semblaient être son cortège.

Mary Oakley était encore dans la région des songes, ses yeux doux et tristes n'avaient pas entièrement séché leurs larmes, lorsque des voix amies l'invitèrent au réveil.

Elle se leva vivement: Topeka était à côté d'elle; plus loin étaient Manonie, Marshall et leur petit Harry. Tous ces visages rayonnaient d'allégresse; Mary leur sourit d'abord, puis son cœur se serra en pensant que chacun autour d'elle avait retrouvé ceux qu'il aimait, et qu'elle seule, pauvre orpheline, n'avait plus de famille, plus d'ami dévoué... Son père gisait sanglant dans l'ombre d'un rocher; Quindaro n'avait pas reparu.

— La jeune Face-Pâle était donc bien loin dans le pays des songes ? dit Topeka employant l'harmonieux langage de la poésie indienne; si loin! qu'elle n'entendait plus... Qu'elle ouvre l'oreille pour y laisser entrer une voix chère.

La jeune fille fixa sur la vieille femme ses grands yeux étonnés:

— Oui; reprit celle-ci, que ma fille écoute... elle entendra...

Mary prêta l'oreille, docilement, mais sans savoir pourquoi.

— Ma petite Molly..., balbutia près d'elle une voix faible et tremblante; tu ne sais donc pas? Je suis ressuscité.

— Mon père ! mon doux père !! s'écria la pauvre enfant qui croyait rêver.

Elle bondit comme une gazelle ; puis, s'agenouilla, pleurant, riant, éperdue, auprès d'un lit de fougères qu'elle aperçut à quelques pas.

— Doucement! Molly! répondit le brave Jack à ses baisers exaltés, doucement! ma bonne fille, je suis plus délicat à cette heure que le premier œuf d'un oiseau-mouche ; remercie un peu le bon Ermite qui m'a remis à neuf, qui m'a soigné, qui m'a presque guéri, tout blessé qu'il est.

En effet le vieux John se tenait debout, près du lit, et son visage était encore inondé du sang répandu par sa blessure de la veille.

Au moment où Mary se disposait à lui adresser la parole, Nemona, par une exclamation stridente attira tous les yeux sur lui.

Il apparut, le visage décomposé par la frayeur, et considérant avec stupéfaction un objet étrange qu'il tenait à la main.

— Qu'est-ce qu'il y a encore? demanda Marshall.

— Le scalp du vieil Ermite! bégaya le chef en montrant une chevelure blanche.

Marshall regarda John avec étonnement.

— De l'eau, demanda-t-il, donnez-moi de l'eau pour que je lave ce sang.

L'opération était à peine commencée que les sourcils grisonnants, les rides, la barbe argentée tombèrent comme par magie, découvrant un jeune et mâle visage que chacun reconnut aussitôt.

— Quindaro! Quindaro! s'écria-t-on de toutes parts.

Il y eut un moment de joyeux tumulte impossible à décrire.

— Oui, mes amis, dit-il enfin, le vieux John, l'Ermite, Quindaro, Walter! je suis, ou plutôt j'étais tout cela; mais aujourd'hui je ne veux garder que le dernier nom, car c'est le seul qui me rappelle le bonheur, ajouta-t-il en regardant tendrement Mary.

— Cher Walter! murmurait celle-ci, rouge de bonheur; mon Dieu! merci!

— Aujourd'hui est finie ma tâche vengeresse; si j'en crois mon cœur, une nouvelle joie nous attend. Nemona, en quelle région Wontum a-t-il enlevé Manonie après avoir massacré sa famille?

— Dans l'Iowa, près du fort des Moines, sur la rivière Racoon.

— Manonie ! poursuivit Walter, n'avez-vous aucun souvenir de votre enfance, du toit paternel ?

— J'en ai peu... bien peu... ils sont confus... Des amis..., mon père, ma mère et de petits frères avec lesquels je jouais...

— Sur les bords d'un cours d'eau ?

— Oui, oui ! s'écria la jeune femme.

— Sur une belle colline ?

— Oui ! je me souviens.

— Et votre nom... vous le rappelez-vous ?

— Laissez-moi réfléchir.

Et Manonie se prit la tête dans les mains.

— Voyons, que je vous aide :... était-ce Flor...?

— Flora ! oui ! continua la jeune femme avec émotion.

— Flora Mil... ?

— Milburn ! oui, Flora Milburn ; c'est cela. Mais alors, vous êtes....?

— Je suis Walter Milburn, ton frère ! s'écria le jeune homme en pleurant de joie ; ton frère !... et je ne suis plus l'orphelin solitaire.

Si quelque voyageur, traversant les plaines de la Nebraska, s'arrête sur les bords enchantés de la rivière calme et majestueuse avant qu'elle ait atteint le territoire de Laramie, il aperçoit sur une colline verdoyante deux beaux châteaux qu'entourent une multitude de cabanes rustiques.

C'est le plus beau settlement du *Far-West*; son riant paysage est animé par de nombreux troupeaux; le calme et la paix règnent dans la fraîche vallée; bien loin, bien loin ont fui les Peaux-Rouges hostiles; la race Blanche seule règne sur ce territoire splendide qu'elle a fertilisé.

Que le voyageur demande à quelque pâtre cavalier, le nom des heureux et riches Settlers qui ont créé ce superbe domaine, le pâtre répondra:

— Vous venez donc de bien loin! vous ne connaissez pas *Cœur-de-Panthère* et *Quindaro?*

Si le voyageur fait de nouvelles questions, en débouchant cordialement un flacon de whisky, le pâtre boit à sa santé et lui raconte la légende; quand elle est terminée, il dépose respectueusement à terre son grand sombrero, et, tête nue, boit à la santé du jeune Harry, l'unique héritier des Milburn.

FIN

TABLE DES MATIÈRES

Chapitres.	Pages.
I. — Une Héroïne du désert	5
II. — Old John	25
III. — L'embuscade du tigre rouge	40
IV. — Aventures de montagnes. — Quindaro	62
V. — Poursuite. — Fuite du tigre	83
VI. — Amis	102
VII. — Un message	121
VIII. — Paradis perdu	141
IX. — Trop tard!	158
X. — Le loup dans son antre	168
XI. — Lueurs d'espoir	192
XII. — Dénouement	207
ÉPILOGUE	219

F. Aureau. — Imprimerie de Lagny

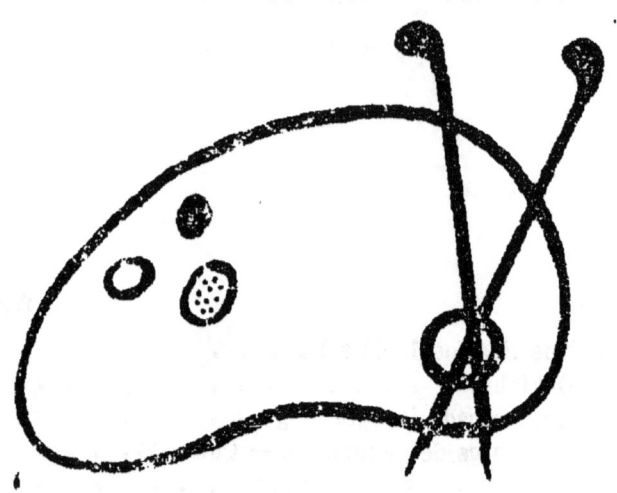

Original en couleur
NF Z 43-120-5

www.ingramcontent.com/pod-product-compliance
Lightning Source LLC
Chambersburg PA
CBHW071950160426
43198CB00011B/1618